GEORG KAUFMANN

Der
LOCKRUF
des
HEILES

die Natur als ethische Instanz
Authentizität als Gotteszugang
Migration als Chance

novum pro

Dieses Buch ist auch als
e-book
erhältlich.

Bibliografische Information
der Deutschen Nationalbibliothek:

Die Deutsche Nationalbibliothek
verzeichnet diese Publikation in
der Deutschen Nationalbibliografie.
Detaillierte bibliografische Daten
sind im Internet über
http://www.d-nb.de abrufbar.

Gedruckt in der Europäischen Union
auf umweltfreundlichem, chlor- und
säurefrei gebleichtem Papier.

© 2025 novum publishing gmbh
Rathausgasse 73, A-7311 Neckenmarkt
office@novumverlag.com

ISBN 978-3-99146-877-6
Lektorat: Mag. Dorothea Forster
Umschlaggestaltung, Layout & Satz:
novum Verlag
Innenabbildungen: Soheyla Fahimi

Die vom Autor zur Verfügung gestellten
Abbildungen wurden in der bestmög-
lichen Qualität gedruckt.

www.novumverlag.com

Druckprodukt mit finanziellem
Klimabeitrag
ClimatePartner.com/16547-2311-1001

Ich widme dieses Buch meinen wirklichen Freundinnen und Freunden sowie allen, die immer zu mir gehalten haben. Ganz besonders widme ich es meinen Eltern. Ohne sie gäbe es mich nicht. Ohne sie wäre ich ins Bodenlose gestürzt. Auch wenn alle mit dem Finger auf mich gezeigt haben war Vorverurteilung oder Glaube an die angebliche weltliche Weisheit für sie nie ein Thema. Das hat mich wieder aufstehen lassen.

Danke

Inhalt

Um in einer multikulturellen Gesellschaft miteinander zu leben braucht es Verständigungen, die nicht nur aus der eigenen Binnensphäre heraus dem jeweils anderen Vorschriften zu machen suchen. Es muss einen inneren Kern gemeinsamen Wollens geben. Ohne diesen wird man sich immer gegenseitig beargwöhnen oder sogar bekämpfen. Der Leitfaden für einen solchen gemeinsamen inneren „Wollenskern" muss sich aus Quellen speisen, die übergreifend allen Menschen zugänglich sind. Dafür bietet sich zum einen die Natur selber sein, da herkunfts-, kultur- und religionsübergreifend jeder Mensch ein Teil der Natur ist. So hält der Blick auf die Natur uns allen zugängliche Einsichten und Wegweisungen bereit. Ein zweiter Ansatzpunkt für einen solchen übergreifend-gemeinsamen Wollenskern ist der „Lockruf des Heiles", den wir alle in unserer Seele tragen. Jeder Mensch sehnt sich nach Heil und im Kern dieses Sehnens sind wir Menschen gar nicht unterschiedlich. Beides bietet uns Ansätze, über die eigene ethnische, religiöse oder nationale Binnensphäre hinaus Wege zueinanderzufinden. In einem solchen notwendig korrekturoffenen Findungsprozess müssen alle, die in unserer Gesellschaft leben, auf Augenhöhe beteiligt und abgebildet sein. Wenn etwa Menschen aus anderen Ländern zu uns kommen, dann sind sie nicht nur einfach eine Bereicherung für unseren Arbeitsmarkt oder eine Last für unser Sozialsystem. Sie sind erst einmal Menschen wie du und ich. Sie sind mit ihren liebenswerten Eigenschaften und kulturellen Hintergründen für uns alle wie ein Spiegel. Damit sind sie auch für uns selber eine Chance, uns gemeinsam auf ein höheres Niveau weiterzuentwickeln. Davon handelt dieses Buch.

Inhaltsverzeichnis

I. Was mich zu diesem Denkanstoß veranlasst

Ich bin seit über 30 Jahren überzeugter römisch-katholischer Christ und Seelsorger. In sehr unterschiedlichen Lebens- und Wirkungsorten habe ich ein sehr tiefes und ehrliches Suchen, Hoffen und Fragen wahrgenommen und wertgeschätzt innerhalb wie außerhalb meiner Kirche, bei Christen, Muslimen, Hindus, Buddhisten, Juden sowie auch bei vielen wertgeschätzten Zeitgenossinnen und Zeitgenossen, die sich ohne festes Bekenntnis verstehen oder sich sogar „Atheisten" nennen. Unzählige offene Begegnungen und tiefe Gespräche liegen dem hier niedergeschriebenen Denkanstoß zugrunde.

Die ehrlich Suchenden und Fragenden meiner eigenen Herkunftssphäre, des römisch-katholischen Raumes, sind natürlich die Basis und die Folie für mein eigenes Wahrnehmen, Suchen und Fragen. Ich bin in meiner Römisch-Katholischen Kirche unglaublich vielen Menschen jedes Alters begegnet, die nach schwierigen Erfahrungen mit sich selber, in ihrer Lebensbiografie oder in unserer gemeinsamen Kirche zu fantastischen kleinen und großen Aufbrüchen in der Lage waren, vor denen ich bewundernd und demütig den Kopf neige – eindrucksvoll und eine wirkliche Gegenwart Gottes! Trotz aller Unkenrufe, trotz aller Skandale und allem gehässigem Geschwätz habe ich an vielen Orten in meiner Kirche wirklich „heiligen" Geist erlebt.

Doch stets war mir neben dem bescheidenen Beitrag, den ich dort einbringen durfte, immer auch der Kontakt zu denen wichtig, die nicht in der Binnensphäre meiner Kirche zuhause sind, die sich eher am Rand fühlen oder nicht beachtet werden, die sich entrüstet von meiner Kirche abgewandt haben, weil sie persönlich verletzt wurden oder weil sie es für sich als Befreiung empfunden haben, meiner Kirche nicht mehr anzugehören. Vor jeder dieser persönlichen Entscheidungen habe ich Achtung und

Respekt. Es gab aber auch viele, die wieder zurück gekommen sind nachdem sie Frieden schließen konnten mit ihren Verletzungen und ihrer Abkehr von der Gestalt des Glaubens, wie er sich in meiner Kirche ausgeprägt hat.

Eine besondere Verbundenheit hatte ich immer auch zu Menschen anderer Religionen und Bekenntnisse. Auf einer religiös divergent gewachsenen Sicht- und Empfindungsweise haben sie viel dazu beigetragen, dass mir der innerste Wesenskern meiner Religiosität immer bewusster wurde. Ihr kritischer Blick in meine eigenen blinden Flecken hat mich immer wieder inspiriert und weiter gebracht. Dafür bin ich sehr dankbar.

Die Nähe zu denen „außerhalb" habe ich immer wieder bewusst gesucht. Mit vielen bin ich im Laufe der Jahre eng auf Tuchfühlung gegangen und es haben sich daraus auch langfristige Freundschaften entwickelt. Dabei sind auch diejenigen jüdisch, muslimisch, hinduistisch und buddhistisch geprägten Menschen herauszustellen, denen ich begegnen durfte. Ihre Denk-, Sicht- und Fühlweisen, ihre schlichte Zuwendung und Öffnung als Menschen haben mich sehr berührt. Das gilt auch für viele von mir tief wertgeschätzte und hochintelligente Menschen, die sich als „nicht gläubig" bezeichnen. Mit ihnen habe ich in meiner Arbeit als Seelsorger viele Stunden in gegenseitiger Achtung verbringen dürfen. Sie haben mich sehr inspiriert und menschlich berührt. Eines ist für mich ganz klar: Auch sie sind ehrlich Fragende und Suchende, auch sie fühlen in sich einen „Lockruf des Heiles", auch sie sind Menschen wie du und ich, die im Kern nach nichts anderem streben und nichts anderes wollen als wir „Religiösen" auch. Sie benutzen dafür vielleicht andere Worte und gedankliche Konstruktionen – der „Lockruf des Heiles" im Kern ihrer Seele ist aber der gleiche.

Für alle diese Begegnungen, die heiligen Augenblicke in diesen Treffen, das gemeinsame Suchen und „die Seele nach oben strecken" bin ich dankbar. Ich habe die klare Erkenntnis gewonnen, dass dieser Akt uns im tiefsten auf eine Weise miteinander verbindet, wie es äußere Organisationsformen oder politisch-juristisches Handeln nie vermögen. Diese Verbindung geht viel tiefer. Sie ist vielleicht sogar der eigentliche Urgrund, der uns Menschen wirklich zusammen bringt.

Als religiös geprägtem Menschen erklärt sich mir das daher, dass wir ja alle aus einem von mir „göttlich" genannten Urgrund stammen. Doch das soll keine Abwertung oder Ausgrenzung sein zu Menschen, die für sich weltlich-profane Welt- und Lebenszugänge bevorzugen. Im Gegenteil: Ich habe oft das wertschätzende Gefühl gehabt, dass weltlich-profane Zugänge und religiöse Sichtweisen häufig nicht nur zwei Seiten derselben Medaille sind, sondern sich sogar gegenseitig brauchen, korrigieren und meist auch nur miteinander statt gegeneinander wachsen können. In unserem eigenen religiösen Glaubens- und Traditionsschatz haben wir unglaublich viele positive Ansätze und Beiträge hierzu. Wir müssen manches nur konkret und konsistent weiterdenken statt auf halbem Weg stehen zu bleiben. Auch dafür will dieses Buch ein Anstoß sein. Das heißt nicht, dass alles gleich sein muss. Gerade die Unterschiedlichkeit verschiedener Zugänge ist häufig erst die Voraussetzung dafür, dass wirkliche Entwicklung stattfinden kann.

In den letzten Jahren kam für mich ein weiteres hinzu. Ich bin sehr eng auf Tuchfühlung gegangen mit Menschen aus ganz anderen Kultur- und Religionsräumen. Ich habe dabei viele für mich überraschende Perspektivwechsel vorgenommen, die mir die eigene Überheblichkeit sichtbar gemacht haben oder die mir alte und in meiner Kultur gelernte Fühlmuster verdeutlicht haben wie zum Beispiel eine alte Kolonialüberheblichkeit gegenüber den „armen Negerlein", denen wir doch nur helfen wollen. Nie hätte ich es für möglich gehalten, solche alten Muster in mir anzutreffen! Doch ich bin dankbar dafür, denn das hat sich in konkreten Begegnungen ereignet und mich dazu veranlasst, diesen Denkanstoß niederzuschreiben.

Ursprünglich war nur das Kapitel über die Wahrnehmung der Natur als moralische und ethische Instanz in Form eines theologischen Fachartikels geplant. Dann aber ist ein Buch daraus geworden. So ist es übersichtlicher und nicht so verschachtelt. Ich kann hier ohne Platzdruck darlegen, worum es mir geht. Mein Denkanstoß richtet sich auch nicht „nur" an ein theologisches Fachpublikum sondern darüber hinaus ebenso an die Breite der Gesellschaft und will dort Brücken bauen und Verständnis wecken. Daher sind auch einige Zusammenhänge ausführlicher erklärt als es für ein rein theologisches Fachpublikum notwendig wäre. Der Einfachheit halber ist der Text in der männlichen Form verfasst. Immer sind aber Männer, Frauen,... gleichmaßen gemeint!

Ein besonderer Dank gilt allen, die mich fachlich und inhaltlich wohlwollend begleitet haben. Ihre Impulse und Korrekturen habe ich gerne mit aufgenommen. Ich danke meiner Schwägerin Vera Kaufmann, der fachlichen Begleitung durch Dr. Mahesh Rawat, Andreas Kamphausen und Guido Helbig, der freundschaftlichen anregenden Impulse durch Sebastian und Kristina Horstmann, Ralf Sieben, Gisela Schippel und Gabriela Grotke. Ebenso danke ich den Begegnungen und offenen Herzen von Mohammad Hashimi, Mohammad Tebori, Alisina Sharifi, Sahand Naseri ... Ohne sie hätte dieses Buch nicht in seine jetzige Form kommen können.

Ich bedanke mich auch bei der Künstlerin SOHEYLA B. FAHIMI. Immer wieder bringt sie in ihren Werken zum Ausdruck, dass nur die Liebe in einem umfassenden Sinn die Welt heilen kann. Und es muss so viel geheilt werden! Mit ihren Werken hat sie dieses Buch bereichert. Das Copyright bleibt bei ihr und ihre Werke können unter der hinten angegebenen Anschrift erworben werden.

Beim Lesen mag vielleicht der eine oder andere hier oder da empört sein. Ich bitte darum, diese Empörung als Impuls zum

Nachdenken zu verstehen. Ich habe nicht die Wahrheit gepachtet sondern ich verstehe mich als Suchender und Fragender, der offen ist für die Impulse anderer Welt- und Religionszugänge. Ganz in meinem Sinn ist es, dass auch sehr kontrovers über das hier Verfasste diskutiert werden kann. Das Geschriebene will zwar durchaus provozieren aber eben nicht polemisieren oder spalten. Es geht mir weder darum, andere zu verletzen, noch darum, das Eigene und uns Wertvolle über Bord zu werfen. Vielmehr möchte ich einen Beitrag dazu leisten, dass wir uns korrekturoffen zur Disposition stellen und Wege finden, aufeinander zuzugehen.

Andere halten uns immer einen Spiegel vor, der das Eigene wie auch die persönlichen blinden Flecken deutlicher macht. Das sollten wir ohne Angst und ohne andere abwertende Machtstrukturen nutzen. Von einem sich gegenseitig wertschätzenden und inspirierenden Suchen und Finden können immer alle Seiten profitieren!

II. Worum es geht

Wir alle leben hier und jetzt in einer Gesellschaft zusammen. Jeder von uns trägt in sich eine Hoffnung und ein Streben nach Heil. Wie das für einen aussieht, das malt sich jeder unterschiedlich aus und wählt seine eigenen Wege, wie er das umsetzen kann. Jedoch lebt keiner von uns auf einer Insel. Vom Beginn unseres Lebens bis zum Ende unseres irdischen Lebensweges sind wir immer eingebunden in Beziehung sowie in Freiheit von und Abhängigkeit zu anderen Menschen. Da sind unsere leibliche Familie ebenso gemeint wie die konkrete Gesellschaft, der konkrete Staat und die konkrete Welt, in der wir leben.

Nun hat sich hier bei uns in Deutschland unsere Gesellschaft stark verändert im Vergleich zu der Zeit als sie vor über 70 Jahren gesetzlich verfasst worden ist. Diese Veränderung geschieht nicht nur von innen heraus. Sie erfolgte zum Beispiel ebenso dadurch, dass sich mit der Wiedervereinigung der zeitweise getrennten deutschen Staaten das Verhältnis von Menschen mit profanen (=weltlichen) bzw. religiösen Welterklärungszugängen deutlich verschoben hat. Ein weiterer Faktor ist, dass seit vielen Jahren Menschen zu uns kommen, die wir gerufen haben, weil wir sie für unseren Arbeitsmarkt brauchen. Ganz aktuell macht uns ja der Fachkräftemangel grosse Sorgen. Eine seit Jahren immer stärker anwachsende Zahl von Menschen kommt aber auch zu uns, die in ihrer Herkunfts-Heimat nicht mehr leben können oder wollen. Sie erblicken dort keine freiheitliche oder wirtschaftliche Lebensperspektive. Sie sind aus politischen, religiösen oder Identitäts-Gründen dort an Leib und Leben bedroht. Wir alle leben hier und jetzt in dieser Gesellschaft zusammen. Aufgabe von Politik und Rechtsprechung ist es, das zu organisieren und auszubalancieren.

Das aber können sie nur, wenn ihrem Handeln ein übergreifend gemeinsames Wollen zugrunde liegt. In einer sich frei und multikulturell verstehenden Gesellschaft kann das Suchen und Umsetzen eines solchen gemeinsamen Wollens immer nur ein gemeinsamer und sich gegenseitig wahrnehmender und wertschätzender Prozess sein. Auch damit beschäftigt sich der in diesem Buch dargelegte Diskussionsbeitrag. Der Prozess der Entstehung und Umsetzung eines solchen gemeinsamen Wollens betrifft ja nicht nur den äußerlich „gesetzten" Rahmen und er fängt auch nicht erst dort an. Innerhalb dieses in „Gesetzen" ausformulierten Rahmens gibt es unzählige alltägliche kleine Lebensbereiche, die unmöglich alle in Gesetzen festgelegt werden können. Das würde zudem unseren eigenen freiheitlichen Anspruch untergraben. Alles nur in Gesetzen festzulegen und von oben zu befehlen würde irgendwann dazu führen, dass keiner mehr fragt, was gut, vernünftig oder richtig ist. Die alles beherrschende Frage wäre dann nur noch, was erlaubt ist und was nicht. Tendenzen dazu gibt es in der Breite unserer obrigkeitshörigen Gesellschaft sehr wohl.

Das eigene Denken und damit ebenso die eigene Freiheit, die eigene Verantwortung und die Bereitschaft zum Engagement für diese Gesellschaft gehen dann verloren. Das gilt für viele Bereiche des öffentlichen Lebens. Sie muss sich zur Aufrechterhaltung eines freien und Verantwortung übernehmenden Wollens selbstkritisch fragen, ab welchem Punkt zum Beispiel eine Verbotskultur, welche ja angeblich immer nur zu „unserem Besten" und um uns zu „schützen" beschworen wird, zu einer Entmündigungskultur verkommt. Nur wenn wir selber beteiligt und abgebildet sind in unserer Gesellschaft werden wir uns auch in ihr engagieren. Nur dann werden wir uns nicht einfach in unsere eigenen vier Wände zurückziehen oder schlimmstenfalls Hass auf diese Gesellschaft entwickeln und sie bekämpfen.

Wenn es kein gemeinsames Wollen und Suchen sowie keinen kollektiven inneren Konsens gibt, der alle in unserer Gesellschaft lebenden Menschen nicht als Objekte sondern als Subjekte einbezieht, kann es auf Dauer auch keinen gesellschaftlich-sozialen Frieden geben. Sobald eine Gruppe allen anderen Gruppen nur noch vorschreiben will, welche privaten Einzelentscheidungen sie zu treffen haben oder welchen Regeln sie sich beugen müssen, dann erzeugt das auf Dauer einen gesellschaftlichen Unfrieden, den niemand ernsthaft wollen kann. Das Gefühl von „fremdbestimmt werden", von „an mich betreffenden Entscheidungen nicht beteiligt sein", von „benachteiligt werden" bei Arbeits- oder Wohnungssuche oder von generell „beargwöhnt und ausgestoßen werden" erzeugt soziale Spannungen, die sich in Abschottung, Ärger, Frust, Wut oder Aggression ihren Raum nehmen ob wir das nun wollen oder nicht. Machmal entlädt sich das bei irgendwelchen Anlässen und alle reiben sich dann verwundert die Augen, wie denn das nur geschehen konnte. Was für eine Heuchelei!

Hier und Jetzt leben Menschen unterschiedlicher Herkunft, Religion und Kultur zusammen. Oft bringen sie dogmatisierte „Rückständigkeiten" mit (zumindest bezeichnen wir diese so), vor denen wir nur den Kopf schütteln können – zum Beispiel: „ein wahrer Muslim duscht mit Unterhose" (was für ein Bullshit: wo bitteschön soll denn das im Koran stehen?). Tatsache ist aber zum einen, dass wir die zunehmenden Migrationsströme gar nicht aufhalten können, es sei denn, wir würden nicht mehr an unantastbaren Menschenrechten festhalten, die ausnahmslos für alle gelten. Tatsache ist ebenso, dass man es redlicherweise als Illusion bezeichnen muss, wir könnten global auch nur mittelfristig die Situation in manchen der Herkunftsländer dergestalt ändern, dass Menschen von dort gar nicht mehr weg wollen. Dazu später mehr. Solange jedenfalls Menschen in ihren Herkunftsländern nicht mehr leben können oder wollen werden sie sich auch auf den Weg machen. Das war immer schon so und wir würden es genauso tun! Wir haben in unserer eigenen deutschen Geschichte doch auch selber erlebt, was es für bereits ansässige und für hinzugekommene Menschen heißt, wegzugehen und eine neue Heimat finden zu wollen oder zu müssen. Allen, die etwa aus Schlesien, Siebenbürgen oder Kasachstan gekommen sind, müsste das doch noch sehr lebendig in Erinnerung sein!

Die heutigen Migrationsströme bringen jedoch auch deshalb neue Herausforderungen mit sich, weil in großer Zahl Menschen aus von uns sehr verschiedenen Kulturen und Religionen zu uns kommen. Das hängt zusammen mit der globalen Klimaveränderung, die wir mit noch so vielen Ressourcen bestenfalls bremsen aber nicht mehr verhindern können. Das hängt ebenso zusammen mit wirtschaftlichen oder politisch-korrupt-kriminellen Strukturen mancher Herkunftsländer, die wir gar nicht oder nur sehr begrenzt beeinflussen können. Natürlich sind Bemühungen in diese Richtung immer notwendig und richtig – wir aber werden dort die Probleme nicht lösen. Solange jedenfalls jetzt Menschen für sich in ihrer Heimat keine Hoffnung erblicken werden sie sich auch jetzt auf den Weg machen. Sei es eine „Abstimmung mit den Füßen" in Form von Flucht oder Emigration, sei es wirtschaftliche Perspektivlosigkeit oder sei es Gefahr an Leib und Leben – sie machen sich jetzt auf den Weg, wir können das jetzt nicht verhindern und wir müssen jetzt hier Wege zueinander und miteinander finden.

Natürlich müssen wir Migrationsströme lenken und schauen, was etwa im Sinne einer erfolgreichen Integration überhaupt leistbar ist. Natürlich sind Menschen, die zu uns kommen wollen um zu arbeiten keine „Flüchtlinge" im Sinne unseres Asylgesetzes. Wir dürfen schon von ihnen verlangen, dass sie – sofern realistisch möglich – die mit Visum und Arbeitserlaubnis vorgesehenen Wege nutzen statt als Asylanten anerkannt werden zu wollen, weil sie dabei mehr Geld einkassieren können. Wir brauchen natürlich Regelmechanismen wie ein verbindliches Einwanderungsgesetz und eine übergreifende Koordination zum Beispiel auf europäischer Ebene. Und dennoch haben wir von unseren eigenen Grundsätzen her einfach nicht das Recht,

anderen Menschen zu sagen: „Bleib wo du bist und verrecke!"
Und wenn wir ihnen in Gefahr Asyl und Schutz anbieten, wenn
wir sie als Arbeitskräfte suchen und brauchen oder wenn wir
ihnen Heimat in Form einer Staatsbürgerschaft anbieten, dann
müssen wir auch bereit sein, die Formen und den gesetzlichen
Rahmen unseres Miteinander zusammen neu auszutarieren,
sie dabei einzubinden und mit ihnen zusammen den Rahmen
unseres Zusammenlebens neu zu vereinbaren.

„*In God We Trust – Drei Faltigkeit, III/2024*"

Gemeinsame Herausforderungen sind niemals nur eine Einbahnstraße! Dies gilt für gesetzliche Regelungen wie etwa das in unserem Recht verankerte Bigamie- oder Polygamie-Verbot. Dies gilt ebenso in vielen anderen Bereichen innerhalb des derzeit gültigen rechtlichen Rahmens für ein notwendiges Miteinander statt Gegeneinander der verschiedenen gesellschaftlichen Gruppen. Damit dies gelingen kann ist ein gemeinsames Wollen notwendig. Das aber kann nur auf einem allen gemeinsamen inneren Wollens-Kern beruhen, der sich dann ja individuell unterschiedlich ausprägen kann. Ansonsten führen wir Scheingefechte und reden aneinander vorbei. Erst wenn gegenseitig klar wird, was denn uns selber und was dem jeweils anderen wirklich wichtig und „heilig" ist, kann es ein solches Zusammenkommen geben.

Natürlich weckt die zunehmende Migration Überfremdungs- und Ich-Ängste. Ihre unversöhnliche Energie beziehen diese jedoch leider nur zu oft aus Mustern unserer Kindheit. Selbstverständlich müssen wir sagen: „Hey – uns gibt es aber auch! Ihr könnt nicht einfach in ein gemachtes Nest kommen und dann verlangen, bei uns müsse alles so sein wie bei Euch. Wozu seid Ihr dann überhaupt hergekommen?" Wir können selbstverständlich nicht einen ganzen Kontinent oder die ganze Welt bei uns aufnehmen. Aber wer sagt das denn eigentlich? Erst einmal sind es nur konkrete Menschen, die zu uns kommen.

Wir müssen uns natürlich davor schützen, dass kriminelle Strukturen oder religiöse Fanatismen der Herkunftsländer sich auch bei uns festsetzen. Ebenso dürfen wir nicht aufgrund einer falsch verstandenen Liberalität Errungenschaften gefährden oder rückgängig machen, auf die wir zurecht stolz sind und Wert legen. Niemand kann ernsthaft wollen, dass wir irgendwann bei uns die gleichen Verhältnisse haben wie in manchen der Herkunftsländer. Menschen von dort kommen doch zu uns, weil sie bei uns etwas anderes suchen. – und sei es auch „nur" in wirtschaftlicher Hinsicht, was ja aber in eine gesellschaftliche Gesamtheit verwoben ist.

Das alles sei hier völlig unbestritten. Und doch müssen wir die Zeichen dieser Zeit wahrnehmen. Ansonsten hören wir irgendwann die Einschläge nicht mehr weil wir sie nicht hören wollen. Es geht hier wie bereits geschrieben nicht um Polarisierung. Doch jetzt und hier zusammen kommen und friedlich zusammen in dieser Gesellschaft leben können wir nur, wenn wir in konkreten Begegnungen aufeinanderzugehen statt in Abgrenzung und Ghettoisierung zu verharren. Nur so können wir unsere gegenseitigen Ängste, Wünsche und Hoffnungen verstehen, sie wertschätzend wahrnehmen und miteinander einen gemeinsamen Weg finden. Ansonsten delegieren wir das Problem von uns weg in eine parlamentarische Debatte oder in Gewaltexzesse auf der Straße. Es geht also ganz konkret um Begegnung, in der wir uns gegenseitig erst einmal als Menschen wahrnehmen.

Und hier können wir Religionen und Kirchen einen wichtigen Beitrag leisten. Wir können nicht nur Begegnungen organisieren sondern wir vermögen vor allem das uns „Heilige" auf unsere jeweilige Weise sichtbar und plausibel zu machen. Dieses „Heilige" verbindet in seinem inneren Wesenskern übergreifend alle Menschen miteinander, weil wir alle aus demselben von uns „göttlich" genannten Urgrund herstammen. Im Kern sagen das nicht nur die monotheistischen Religionen wie Judentum, Christentum und Islam sondern ebenso alle polytheistischen oder kosmotheistischen Religionen. Gerade wir Religionen können darum vormachen und darauf hinweisen, dass die unvermeidbare Migration doch gar keine Bedrohung sein muss – zumindest dann nicht, wenn sie im Sinne eines friedfertigen Miteinanders verantwortungsvoll gehandhabt und gelenkt wird. In der gesamten Menschheitsgeschichte waren es Migrationen und Vermischungen, die uns weitergebracht haben, wenn wir die Offenheit anderen gegenüber und Korrekturoffenheit uns selbst gegenüber aufbringen konnten um voneinander zu lernen. Das war im gesellschaftlich-politischen Leben ebenso der Fall wie in der Weiterentwicklung der Religionen. Voraussetzung dafür ist ein gegenseitig wertschätzend-inspirierender Dialog, der auch bereit ist, das eigene „Heilige" zu durchgründen, es so in seinem Kern aufeinander hin plausibler zu machen und auf dieser Basis eine offene Kommunikation mit dem jeweils anderen zu ermöglichen.

In unserer Gesellschaft stellen wir Christen heute nicht mehr die deutlich dominante Mehrheit dar. Darum haben auch wir alleine nicht das Recht, moralisierend allen anderen vorschreiben zu wollen, wie sie zum Beispiel mit dem Thema Abtreibung oder Sterbehilfe umgehen sollen. Das gehört in einen gemeinsamen und immer wieder neu auszutarierenden Prozess, der möglichst alle Menschen guten Willens mitnimmt. Viele sind lediglich durch die Wiedervereinigung oder durch Zuzug auf einen bereits fahrenden Zug aufgesprungen. Innerhalb eines gemeinsamen Meinungsfindungsprozesses müssen und dürfen wir deutlich unserer eigene Stimme erheben. Dazu gehört es auch, gegebenenfalls mit Rückgrat gegen den sogenannten „Mainstream" Stellung zu beziehen. „Politische Korrektheit" wird nur allzu oft als Totschlagargument benutzt, mit dem man sich einem offenen Diskurs verweigert. Schon heute deckt sich aber der innere oder äußere gesellschaftliche Konsens nicht mit allem, was unsere Überzeugungen als Christen betrifft. Das müssen wir akzeptieren lernen statt uns dann aus dem gesellschaftlichen Handeln heraus zu ziehen wie es etwa bei dem Thema der Schwangerenberatung der Fall war. Ansonsten sind wir schlicht nicht gesellschaftsfähig.

Doch wovor haben wir denn eigentlich Angst? Niemand hindert uns doch daran, selber in freier Entscheidung ein Kind zur Welt zu bringen, obwohl es mit einer Wahrscheinlichkeit von X % vielleicht eine Behinderung haben könnte! Niemand hindert uns doch daran, auch Tage des Leidens als von Gott geschenkte Lebenszeit zu würdigen und dann eben nicht den eigenen Tod absichtlich herbeizuführen! Das müssen wir aber doch nicht anderen diktatorisch vorschreiben wollen. Was hindert uns denn daran, unseren Standpunkt deutlich zu machen und uns auf dieser Basis an einer gemeinsamen Konsenssuche zu beteiligen ohne dabei auf für alle als sakrosankt erklärten Dogmen und „Heiligen Kühen" zu beharren? Unsere Stimme ist wichtig. Gerade darum ist es aber auch unsere Aufgabe, sie auf andere hin plausibel zu machen und selber das vorzuleben, was wir auf den Lippen vor uns her tragen. Unsere eigene Glaubwürdigkeit hängt stark damit zusammen, wie ehrlich wir gegen uns selber und wie wertschätzend-tolerant wir anderen gegenüber sein können. Letztlich können wir daran auch ablesen, wieviel Heiligen Geist wir tatsächlich in uns aufgenommen haben oder eben auch nicht.

Gelingen kann ein gemeinsames Zusammenkommen und Weiterkommen nur, wenn wir einerseits unser eigenes „Heiliges" mutig mit einbringen, darüberhinaus aber im Sinne einer gemeinsamen Plausibilität auch zum Beispiel darauf verweisen, dass dieses Heilige nicht nur in der Religion sondern auch in der Natur als Ganzes sowie speziell in der Natur des Menschen ebenso begründet, sichtbar und vernünftig ist. So bauen wir Brücken zu Menschen, die nicht unserer eigenen religiösen Binnensphäre angehören. Wenn wir den inneren Wesenskern des uns Heiligen wirklich verstehen und mit einbringen dann können wir so von ganz alleine auch Menschen außerhalb unserer eigenen Glaubenssphäre plausibel machen, dass das uns Heilige ihnen doch gar nicht widerspricht oder sie einengen und gefährden will. Im Gegenteil: In ihnen selber gibt es ja ebenso dieses „Heilige", von dem wir reden und das für uns Christen im Leben und in den Worten Jesu Christi eine direkte Gegenwart Gottes in dieser Welt darstellt. Wir pfropfen ihnen doch letztlich gar nichts Fremdes auf sondern wir bringen ins Wort, was in ihrer eigenen Tiefe ebenso als Licht angelegt ist. Leider haben wir nur allzu oft schlicht ein Sprachproblem und reden mit viel Kopfkino aneinander vorbei.

Es ist schade, dass zum Beispiel die Abschaffung des § 218 zu einem Schlachtruf verkommen ist gegen Kirche und für Frauenemanzipation. Weder die von Gott her gegebenen Rechte von Frauen noch die Heiligkeit des Lebens sind doch ein echter Dissens! Wir müssten lernen, über das zu sprechen, worum es uns eigentlich geht statt uns gegenseitig an Parolen und Reizwörtern aufzureiben wie zum Beispiel der „Homo-Ehe".

Hilfreich dafür ist ein Blick, den wir übergreifend alle teilen. Zum Beispiel sind wir alle ein Element und ein Teil der Natur. Wir bleiben das auch. Alleine schon die Natur als solche wahrzunehmen und sie als moralisch-ethische Instanz wertzuschätzen kann uns helfen, übergreifend zusammen zu kommen. Auch die besondere Struktur von uns Menschen hilft uns weiter weil es hier unabhängig von religiöser oder weltlicher Herkunft enorm viel Gemeinsames gibt, das uns deutlich mehr zusammenbringt als dass es uns trennt. Zu dieser Natur des Menschen gehört wesentlich ein irrationales Element ohne das wir nur instinktgeleitete Maschinen oder programmierbare Computer wären. Ohne dieses irrationale Element hätte wir auch keine Empathie für andere. Wir wären uns gegenseitig schlicht egal. In Bezugnahme auf die Natur sowie die Natur des Menschen können wir Christen das uns Heilige viel plausibler und deutlicher machen, müssen dann aber auch selber die Bereitschaft aufbringen, uns selber korrekturoffen auf unseren eigenen innersten heiligen Wesenskern hin zu hinterfragen.

Ziel und Herausforderung unserer Tage ist es, eine innere Kompatibilität herzustellen zu Menschen ohne religiöses Bekenntnis und zu Menschen aus anderen Kulturen und Religionen. Wir Religionen können einen wichtigen Beitrag dazu leisten, weil letztlich alle Menschen dieses „Heilige" suchen und weil letztlich die Basis des uns Menschen alle gleich ausmachenden Wesenskernes überhaupt erst die Unantastbarkeit, Gleichheit und Würde jedes Menschen schützt. Das bietet uns unendliche übergreifende Anknüpfungspunkte zueinander.

Im irrationalen Teil unseres Wesens verbirgt sich das, was wir Religionen das „Göttliche" oder das „Heilige" nennen. Ohne dieses würden wir uns selber entmenschlichen. Darum kann gerade der Blick auf das Heilige helfen, dass sehr verschiedene Menschen aus sehr verschiedenen Kulturen und Religionen zusammenkommen, sich neu formieren und gemeinsam überleben können. In diesem Sinne sind die Migrationsströme unserer Tage auch für uns selber eine große Chance. Sobald Menschen in uns eine Abwehr auslösen, sind sie wie ein Spiegel, der uns hilft, uns selber realistischer und besser zu verstehen. Nur so sind ehrliche und offene Schritte auf andere hin möglich. Voraussetzung dafür bleibt die Bereitschaft zu einem korrekturoffenen und sich gegenseitig wertschätzenden Dialog, der nicht nur auf einer theoretisch-abstrakten Ebene ausgetragen wird, sondern sich erst in konkreten menschlichen Begegnungen wirklich in der Tiefe entfaltet. Dafür will der Denkanstoß dieses Buches ein Plädoyer sein. Uns gegenseitig nur in Mauern einigeln oder uns mit „heiligen Kühen" zu bewerfen führt letztlich zu unserer eigenen Vernichtung. Kühe kann man nutzen. Wenn wir sie auf uns werfen erschlagen sie uns – sie sind schwerer als wir!

Der Argumentationsgang dieses Buches beginnt im Sinne einer gemeinsamen Plausibilität nicht mit einer religiösen Sichtweise sondern mit einem übergreifend allen Menschen zugänglichen Blick auf die Natur. Diese bietet uns aus sich selber heraus eine Vielzahl von Impulsen und Antworten. Diese Antworten treffen in uns auf ein ambivalentes Wesen, in dem rationale und irrationale Anteile miteinander verwoben sind. Doch auch in der Tierwelt begegnen uns solche irrationale und rationale Verwobenheiten. Was macht uns Menschen dann eigentlich aus? Letztlich ist dies wie später dargelegt ein Raum des Heiligen, der in der Dynamik dessen sichtbar und greifbar wird, was wir Christen Liebe nennen. Liebe ist für uns in sich selber ein heiliger Raum. Allerdings wird genau diese Liebe zerstört, wenn wir das Heilige einmauern und es in „heiligen Kühen" undiskutierbar festschreiben. Nicht das Heilige wird dann zerstörerisch, sondern die Form, in der wir es zum Leuchten bringen und schützen wollen. Dabei leuchtet doch das Heilige immer aus sich selber heraus! Genau hier liegen auch die Ansätze, die uns über alle religiösen und weltanschaulichen Unterschiedlichkeiten hinweg miteinander verbinden.

Der „Lockruf des Heiles" lebt ausnahmslos in jedem Menschen. Darum ist der Ausgangspunkt dieser Schrift der Blick auf die Natur und darüberhinaus speziell auf die Natur des Menschen. Ohne andere vereinnahmen zu wollen dürfen wir aber als Christen in beidem eine Gegenwart des Göttlichen erblicken. Diese ist in unseren Augen der eigentliche Urgrund, der uns Menschen im tiefsten Inneren miteinander verbindet. Dafür ist es unerheblich, ob wir diesen Urgrund als „göttlich" bezeichnen oder ob wir ihn mit weltlichen Worten beschreiben. Das Ergebnis ist gleich.

Zur Bestätigung der verwendeten Beobachtungen und Argumente sowie zur Vertiefung des dargelegten Argumentationsganges sei auf die Literaturliste am Ende des Buches verwiesen. Nun aber genug der ausführlichen Vorbemerkungen und zum inhaltlichen Gedankengang dieser Schrift.

III. Die Natur als ethische und moralische Instanz

– verschiedene Zugänge zur Natur

Wenn man sich der Natur nähert kann man das von unterschiedlichen Aspekten her in Angriff nehmen. Zu beachten ist dabei, dass unterschiedliche Zugänge nicht in sich selber ein Widerspruch zueinander sein müssen. Sie sind meist nur verschiedene Seiten derselben Medaille. Bereits im vierten Jahrhundert nach Christus hat der große Kirchenlehrer Augustinus dargelegt, dass in Jesus Christus sich uns der Gott der Schöpfung als ein Gott der Liebe geoffenbart habe. Darum sei jede Berufung auf die Natur immer auch eine Auslegung des göttlichen Schöpfungswillens, dessen innere Ordnung Liebe ist. Was Augustinus im Vergleich zu unserem heutigen Wissensstand noch nicht im Blickhorizont hatte war die innere Entwicklungsdynamik der Natur. Diese wird intensiver erforscht seit Charles Darwin dazu eine umfassende Theorie entwickelt hat. Seine Theorie der Evolution ist aber kein Widerspruch zu Augustinus. Sie ist eine Erweiterung. Mit Augustinus weitergedacht zeigt sich eben auch in der inneren Entwicklungsdynamik der Natur der Schöpfungs- und Liebeswillen Gottes. Gegen diese Dynamik zu handeln heißt damit auch, gegen den Schöpfungswillen Gottes zu handeln! Somit wird die Natur selber mit ihrer inneren Entwicklungsdynamik zu einer ethischen und moralischen Instanz!

Mit „ethisch" sind im Folgenden die wissenschaftlichen und philosophischen Zugänge zur Natur gemeint. Mit „moralisch" sind die religiös-sittlichen Aussagen des Göttlichen beschrieben. Der beidseitige Blick auf die Natur ist enorm hilfreich, weil er über den eigenen religiös geprägten Binnenraum hinaus eine allgemein akzeptierbare Gesprächsgrundlage bietet zu Menschen anderer religiöser Bekenntnisse und zu wertgeschätzten Zeitgenossen, welche weltliche Zugänge bevorzugen. Für uns „Religiöse" beinhaltet das Streben nach einer gemeinsamen Plausibilität weltlicher und religiöser Zugänge die Voraussetzung, dass auch wir selber uns neueren Erkenntnissen über die Natur öffnen und auf diesem Hintergrund korrekturoffen bereits sein müssen, unsere eigenen bisherigen Setzungen zu hinterfragen. Damit leisten wir einen vertiefenden Beitrag zu einem umfassenden Verständnis von Welt und Natur, das sich eben nicht nur in der Sprache von Zahlen und Fakten erschöpft.

Da alle geistigen, religiösen, philosophischen, politischen,... Entwicklungen der Menschheit immer sowohl für sich selber als auch vernetzt stattgefunden haben sind entsprechend verschiedene Sichtweisen und Zugänge zu Natur und Religion in sich selber ebenso vernetzt und berechtigt. Wir Menschen sind vermutlich von einem gemeinsamen Ursprung her in alle Gebiete dieser Welt vorgedrungen. Dort haben wir uns unterschiedlich weiterentwickelt. Dies geschah jedoch selten völlig isoliert. Durch gegenseitige Migrationsströme, durch Handelsbeziehungen oder auch durch kriegerische Übernahmen kam es zu körperlichen Vermischungen, zu kulturell-religiösem Austausch und zu gegenseitigen Ideenadaptionen. Entwicklungen an einem Ort wirkten sich so auch bis in sehr entfernt liegende Gegenden aus. Manchmal fanden in lokal sehr weit auseinander liegenden Gegenden etwa zur selben Zeit sehr ähnliche Entwicklungen statt. Vielleicht war ja einfach die Zeit reif für diese Heranbildungen, so unterschiedlich sie in Gestalt und Auswirkung auch gewesen sein mögen.

Dies gilt in gleicher Weise auch für die Religionen. Keine von ihnen ist von einem Nullpunkt her entstanden, sondern große Religionsgründer haben auf der Folie des Vorhandenen gespürt, dass „Gott" oder „das Göttliche" sie zu neuen Ufern rief. Mit ihren Möglichkeiten und in ihren Horizonten haben sie das dann ins Wort gebracht und umgesetzt.

Eine wichtige Entwicklung, aus der sich im Verlauf hier bei uns eine europäische Kultur und Identität entwickelt hat, war das Entstehen von rein profaner (=weltlicher) Wissenschaft und Philosophie im griechischen Raum etwa ab dem siebten Jahrhundert vor Christus. Jenseits und bewusst losgelöst von allen religiösen Zugangsweisen begann hier ein Suchen und Fragen, das sich streng an Beobachtung, Erfahrung und logischer Herleitung orientierte. Die Logik wurde zum rein weltlich gedachten Erkenntniszugang. Im Mittelpunkt eines solchen verstandesorientierten Weltdurchdringens stand die Natur selber, der Mensch und seine Verwobenheit mit anderen Menschen. Aus der Natur suchte man hierfür Erkenntnisse zu gewinnen. Diese Quelle sollten und können wir auch heute noch nutzen, weil wir ja übergreifend alle Teil der Natur sind und weil sich uns auch heute noch immer wieder neue Erkenntnisse über die Natur eröffnen. Das ist sowohl in weltlich-ethischer wie auch in religiös-moralischer Perspektive hilfreich. Beide Linien von Welt- und Leben-Verstehen sind getrennt betrachtbar aber sehr wohl miteinander verwoben, was in diesem und in den folgenden Kapiteln mehrfach Thema sein wird.

In unserer europäischen Kultur hat die Trennung von Philosophie/Wissenschaft einerseits und Religion/Religiosität andererseits ab dem siebten Jahrhundert vor Christus unterschiedliche Seiten hervorgebracht. Einerseits war diese „Achsenzeit" (siehe Literaturliste: Jan Assmann) ein Aufbruch in ein neues Denken und Fragen, in „Wissenschaft", in eine rational begründbare und damit profan nachvollziehbare Sichtweise auf den Menschen und die Welt. Andererseits ist dabei mit heutigem Wissen und aus heutiger Sicht auch viel Unsinn produziert worden, wie zum Beispiel das Ideal eines affektlosen Menschen, die Abwertung von Welt und Materie oder die Propagierung und Handhabung des Aderlasses als „Allheilmittel", was man ableitete aus der von dem griechisch-römischen Arzt Galenos entwickelten „Vier-Säfte-Lehre". Mancher Unsinn ist später auch wieder in die Religionen hineingeschwappt oder sogar völlig von ihnen aufgesogen worden.

Das ist auch heute noch spürbar und einem aufgeklärten Menschen stellt sich die Frage, warum denn sogar durchaus intelligente Zeitgenossen heute noch diesen oder jenen Unsinn glauben können obwohl der doch schon lange widerlegt ist. Eine Antwort darauf könnte in unseren Genen liegen – dazu später mehr. Wenn man sich jedenfalls vor Augen hält, wieviele Menschen zum Beispiel in den USA laut Umfragen heute noch daran glauben, dass die Erde eine Scheibe sei, dann wird sichtbar, wie lange offenbar die Prozesse dauern, sich weltlich-ideologisch oder weltanschaulich-religiös von solchem nachgewiesenen Unsinn zu befreien, den wir uns selber zusammenkonstruiert haben.

Kriterium zur Bewertung als Sinn oder Unsinn sei im Folgenden die Natur selber und Beobachtungen in ihr. An mehreren Beispielen wird der Frage nachgegangen, ob sich hieraus profan-ethische und religiös-moralische Antworten oder Hinweise für uns Menschen ableiten lassen. Wir Menschen sind und bleiben ein Teil der Natur und ihrer inneren Entwicklungsdynamik. Auch wir selber entwickeln uns weiter.

Es ist dabei unerheblich, ob man sich der Natur profan-wissenschaftlich nähert oder ob man sie religiös betrachtet als einen großen Lebens- und Liebesfluss, welcher von „Gott" oder „dem Göttlichen" ausgeht, sich auf unserem Planeten entfaltet – möglicherweise ja auch woanders – und im religiösen Bewusstsein zu sich selber kommt. Wenn man jedoch die Natur in irgendeiner hier nicht näher diskutierten Weise als Ausfluss, Spiegelbild oder Materialisierung eines göttlichen Schöpfungswillens betrachtet, dann hat sie auch in sich selber eine Qualität sowohl als philosophisch-ethische wie auch als religiös-moralische Instanz. Dafür ist es ebenso irrelevant, ob man von einer zufälligen (Weiter-)Entwicklung in der Natur ausgeht oder ob man in ihr ein zielgerichtetes Mutieren erblickt, an dessen „Ende" als Entwicklungsstufe oder Höhepunkt dann der Mensch steht. Die Natur als Ganzes ist in beiden Betrachtungsweisen immer in all ihren Entwicklungsschritten wie ebenso in ihren gegenwärtigen Erscheinungsformen ein Ausdruck dieses göttlichen Schöpfungswillens. Daher kann man auch die Natur selber als philosophisch-ethische sowie als religiös-moralische Instanz heran ziehen. Sie bietet uns mindestens drei Kriterien an, auf die im folgenden Bezug genommen wird und die zusammenfassend „Kriterien der Natur" genannt werden.

– „Kriterien der Natur"

Zum einen geht es der Natur grundsätzlich darum, Leben in Form von Nachkommenschaft weiterzugeben. Das nennt man Reproduktion. Dafür hat die Natur verschiedene Mechanismen entwickelt. Weiterhin geht es der Natur um das Überleben einer Art oder Rasse. Verschiedene Strategien werden hierfür ständig erprobt und weiterentwickelt. Als ein drittes Kriterium zeigt uns der Blick auf die Entwicklung der Natur, dass einzelne Entwicklungslinien deshalb nicht Bestand gehabt haben, weil sie offenbar nicht in der Lage waren, sich rechtzeitig genug raschen Veränderungen anzupassen, wie sie sich im Laufe der Erdgeschichte immer wieder ereignet haben. Das hat nicht unbedingt etwas mit Größe oder Stärke zu tun. So waren etwa die Dinosaurier viel größer und stärker als die zur gleichen Zeit lebenden Säugetiere. Einem sich dramatisch schnell ereignenden Klimawandel konnten sie sich aber nicht rasch genug anpassen und starben aus. Diese Anpassung schafften jedoch die zu dieser Zeit noch viel kleineren Säugetiere und so wurden diese im Gefolge zur beherrschenden Art auf unserem Planeten. Somit finden wir aus der Natur heraus betrachtet schon einmal drei Sinnkriterien beschrieben:

1) die Weitergabe von Leben,
2) die Erhaltung einer Art und Rasse,
3) die zeitnahe Anpassungsfähigkeit an sich rasch verändernde Umstände.

Alles, was diesen „Kriterien der Natur" nicht direkt entgegensteht kann auch von der Natur her gedacht nicht in sich selber als unsinnig oder als moralisch verwerflich bezeichnet werden. Als solches kann man nur das bezeichnen, was sich als Einzelmuster oder generalisiert direkt gegen diese Kriterien der Natur richtet und allgemein ihre innere Dynamik gefährdet.

Daraus kann man natürlich nicht ableiten, dass Verhaltensmuster einer Art auch für andere Arten verbindlich sein müssen – ein Piranha lebt nun einmal anders als ein Schaf! Jedoch kann man zumindest innerhalb einer Art sagen, dass alle Verhaltensmuster und Spielarten, die sich nicht direkt gegen die genannten Kriterien der Natur richten, auch von der Natur her gedacht nicht als unsinnig oder verwerflich gewertet werden können. Dies könnte nur dann der Fall sein, wenn ein innerhalb einer Art vorkommendes Einzelmuster zeitlos als verbindlich oder als verwerflich für alle anderen in dieser Art erklärt wird. Es sind dann die Folgen dieser Setzung, die sich direkt gegen die Kriterien der Natur richten indem sie zum Beispiel generell die Weitergabe von Leben verhindern. Die Gefährdung besteht demnach in einem Einzelmuster als zeitlos-allgemein-verbindlich erklärte Setzung. Damit ist auch der sogenannte „Generalisierungsvorbehalt" („Wo kämen wir denn hin wenn alle das so machen?") in sich nicht schlüssig. Wie weiter ausgeführt geht es der Natur ja gerade nicht um Generalisierung, sondern im Gegenteil um die Erhaltung unterschiedlicher Verhaltens- und Spielmuster.

Eine solche Vielzahl unterschiedlicher Verhaltens- und Spielmuster gibt es in der Natur sogar innerhalb einzelner Arten. Deren evolutionärer Vorteil mag für uns im Einzelfall nicht auf den ersten Blick erkennbar sein. Sofern sie sich aber als Einzelmuster nicht direkt und allgemein gegen die genannten Kriterien der Natur richten müssen sie auch einen Sinn haben. Sonst gäbe es sie nicht. Vermutlich dienen diese unterschiedlichen Verhaltens- und Spielmuster als ein riesiges Repertoire, in dem Lernerfahrungen gemacht werden („Try and Error") und aus dem heraus eine Art auf sich verändernde Umstände zeitnah mit notwendigen Anpassungen reagieren kann.

Diese Beobachtung ist auch für uns Menschen relevant. Sie bedeutet, dass eine große Diversität von Verhaltens- und Spielmustern nicht in sich selber eine Bedrohung ist, sondern im Gegenteil Ausdruck eines Potentials enormer Anpassungs- und Zukunftsfähigkeit. In den beschriebenen Kriterien der Natur sowie der inneren Entwicklungs- und Anpassungsdynamik der Natur wird möglicherweise dieses Potential ja auch bei uns Menschen von der Natur bis heute genutzt ohne dass wir das in unserer Wissen- und Steuern-Überheblichkeit bemerken. Jedenfalls würden wir diese Dynamik der Natur und daraus abgeleitet unser eigenes natürliches Überlebenspotential nicht nur verringern, sondern sogar direkt gegen die Natur arbeiten, wenn wir die in uns vorhandene Diversität nur auf bestimmte Verhaltens- und Spielmuster einengen wollen.

Natürlich sollen damit nicht beliebig zum Beispiel zerstörerische Muster legitimiert werden wie etwa Kannibalismus. Dafür braucht man aber gar nicht bibeltheologisch zu argumentieren. Im Sinne einer allen zugänglichen Plausibilität zeigt uns alleine schon der Blick auf die Natur, dass dieses Muster nur in ganz wenigen speziellen Einzelfällen Sinn macht und auch dort letztlich der Weitergabe von Leben oder der Erhaltung einer Art dient.

Darüberhinaus macht verdeutlichend der vertiefende Blick auf die religiösen Quellen durchaus Sinn. Oft genug beschreiben sie, was ohnehin auch in der Natur selber bereits als sinnvoll angelegt ist. Wenn die Schöpfung Ausdruck eines göttlichen Schöpfungswillen ist, dann wurde dieser göttliche Schöpfungswille als innerster Lebensstrom der Natur von religiös fühlenden Menschen empfunden und ausgesprochen, hat sich in den Religionen immer weiter entfaltet und ist aus christlicher Sicht im Leben und in den Worten Jesu Christi auf den Punkt gebracht.

In ihm ist die innere Schöpfungsdynamik der Natur auf ihren eigentlichen Kern hin sichtbar geworden – für uns Christen heißt dieser innere Wesenskern Liebe.

Ähnlich gilt das in anderen Religionssystemen. Allerdings darf man die Aussagen aller religiösen Offenbarungen und Schriften nie aus dem jeweiligen Zeit- und Wissenshorizont herausreißen, in dem sie ausgesprochen und schriftlich verfasst worden sind. Wer das tut beachtet nicht, dass es immer ein Vorher und ein Nachher gibt. Genauso wie in der Natur eine innere Entwicklungsdynamik vorherrscht, existiert auch im religiösen Empfinden, Fühlen und Ahnen eine solche Entwicklungsdynamik. Die religiös fühlenden, aussprechenden und handelnden Menschen verändern sich in den sich verändernden Zeit- und Wissenshorizonten selber auch mit. Darum gibt es von der Natur her gedacht auch keinen „Verfall" der Sitten sondern lediglich sich verändernde Umstände, auf die wir oft genug generationenübergreifend ebenso mit Veränderungen reagieren und reagieren müssen. Dies gilt auch im religiösen Bereich selber. Wenn wir nur an bestimmten früheren Zeitumständen und Wissenshorizonten unhinterfragbar festhalten wollen dann trifft uns selber der gleiche Vorwurf, den wir anderen machen – nämlich den, dass andere uns in alte Zeiten „zurückbomben" wollen.

Der Blick auf die Natur lehrt uns, dass eine innere Entwicklungsdynamik überlebensnotwendig ist. Wenn wir uns dieser verweigern, bleiben wir stehen, erstarren und sterben schließlich aus.

– die innere Dynamik der Natur

Zum Beispiel haben uns die profane wie auch die religiöse „Wissenschaft" über viele Jahrhunderte weismachen wollen, dass Sexualität ausschließlich der Weitergabe von Leben dient. Darum sei sexuelles Handeln eben auch nur zu diesem Zweck geduldet und erlaubt. So hat es etwa Augustinus gesagt und festgehalten. Als einzig erlaubter Ort und Rahmen sexuellen Handelns galt für ihn daher die Ehe, weil sie dem Zweck der Produktion von Kindern und deren Erziehung dient. Im vierten Jahrhundert nach Christus galt die weltliche Wissenschaft der religiösen Wissenschaft gegenüber als untergeordnet und so behaupteten beide das. Schon bei sexuellen Handlungen Lust zu empfinden galt als Verfehlung gegen die Natur und somit als eine Sünde gegen die göttliche Ordnung.

Gegen diese wohl aus der Lebensbiografie des Augustinus stammende extreme Haltung des späten Augustinus gab es schon zu seinen Lebzeiten heftigen Widerstand. Einer der bekanntesten Widersprecher eines frauen- und geschlechtsfeindlichen Extremismus war der britische Theologe Pelagius. Jedoch konnte dieser sich nicht durchsetzen. So blieb die in dieser Hinsicht extreme Haltung des Augustinus über viele Jahrhunderte die alles beherrschende Anschauung, welche später auch zum Beispiel bei Luther und Calvin ihre Blüten getrieben hat. Aus unterschiedlichen Gründen ist dies auch heute noch in vielen Köpfen und Seelen wie eingebrannt.

Ein Grund hierfür könnte sein, dass diese alten Denk- und Fühlmuster sich vielleicht ja bis in unsere Gene hinein abgebildet haben. Darum würde dann auch die Veränderung dieser Muster so lange dauern. Neuere Forschungen zeigen, dass sich Erfahrungen und Muster bereits ab der dritten Generation in den Genen abgebildet haben können. Damit verschwimmt auch die von Richard Dawkins eingebrachte Unterscheidung von GENEN und MEMEN. MEME werden als Erinnerungen weitergegeben durch Modell-Lernen, Bildung, Kultur ... GENE speichern Informationen in der DNA und verankern sie dort. MEME können sich viel schneller verändern als GENE, jedoch bilden sich MEME offenbar viel rascher als bisher angenommen in die GENE hinein ab. Dort sind sie dann unabhängig von Tradierung langfristig präsent und werden „instinktiv" gewusst.

Vielleicht ist das ja ein Grund dafür, warum lange Geglaubtes oder Gedachtes auch nur langfristig mit Gegenmustern verändert oder aufgelöst werden kann. Dies wäre für uns Menschen zum Beispiel friedensethisch relevant. Als Phänomen wurde das schon früher beschrieben etwa von Immanuel Kant. In seiner Geschichtsphilosophie beschreibt er, dass Frieden nur in einem längeren Prozess erreicht werden kann. In diesem Prozess müssen sich über längere Zeit Menschen gegenseitig in Schach halten, damit in ihnen die Bilder von Angst, Gewalt, Verwundung, Hass, Rache ... verblassen oder gar verschwinden können. Erst dann ist Frieden möglich.

Von Immanuel Kant aus weitergedacht sind darum auch bestimmte Muster von Erinnerungskultur für einen Friedensprozess sogar zerstörerisch. Wenn Erinnerungskultur darin besteht, ständig alte Wunden aufzureißen oder alte Narrative zu benutzen, um Menschen zu instrumentalisieren, dann dient eine solche Erinnerungskultur eben nicht einem Befrieden oder Verblassen alter Wunden. Sie peitscht diese im Gegenteil sogar bewusst immer wieder hoch. Wenn man auf diese Weise dunkle MEME über Generationen hinweg hochhält können sie sich sogar langfristig in den GENEN abbilden. Dort würden sie wie ein „Volkstrauma" als eine Art nationaler DNA vor sich dahinwüten. Beispiele dafür gibt es etwa auf dem Balkan oder im Benutzen alter Weltkriegsnarrative durch die russische Führung. Das Ziel ist immer das Anknüpfen an alten Ängsten und damit das Ausschalten des Verstandes. Dieser sehr alte und bewährte Propagandamechanismus funktioniert auch heute in tragisch „bester" Weise. Diktatoren und autokratische Systeme haben hierin viel Übung und perfektionieren das auch heute immer weiter.

Geforscht hat man an Rattenpopulationen (Literaturliste: R. Douglas Fields, „Neurotransmitter mit Doppelleben"). Offenbar hat die nachgewiesen rasche Abbildung von Erfahrungen und Mustern in den Genen einen evolutionären Vorteil darin, dass bestimmte Grunderfahrungen wie essbar-giftig oder Lernerfahrungen wie erfolgreich-schädlich nicht immer wieder neu von jedem einzelnen Individuum oder von jeder einzelnen Gruppe erlernt beziehungsweise erlitten werden müssen. Sie sind „instinktiv" vorhanden und können auch gruppenübergreifend zum Beispiel durch Vermischungen weitergegeben werden indem sie über einen sich erweiternden Genpool einwandern. Selbst sehr komplexe Verhaltensmuster und Handlungsabfolgen wie Jagdstrategien oder Schutzmuster müssen so nicht immer wieder verlustreich neu erlernt werden. Frühere Generationen haben das irgendwann einmal so gelernt. Die sich aus dieser Erkenntnis ergebende Überlebensstrategie hat sich dann bewährt und ist langfristig stabil in die Gene gewandert. Problematisch kann dieser Mechanismus allerdings dann werden, wenn er einer raschen Anpassungsnotwendigkeit auf sich schnell verändernde Umstände entgegensteht.

Auch in uns Menschen haben sich von Urzeiten her bis heute alte Erfahrungs-, Lern- und Fühlmuster erhalten wie zum Beispiel die Angst vor Dunkelheit oder körperliche Reaktionen auf direkte Todesgefahr. Heute hat sich aber die Grundlage für viele dieser Muster verändert. So verfügen wir heute über künstliches Licht, erschaffene höhere Bewegungsgeschwindigkeit und weiterentwickelte Verteidigungs- und Schutztechniken. Auch hat sich unser Wissen über den Menschen und die Natur wesentlich erweitert. Darum fällt die Grundlage für viele Wertungen fort, die sich mit den Erkenntnismöglichkeiten und Wissenshorizonten der jeweiligen Zeit auf die Struktur der Natur und die darin sichtbare göttliche Ordnung berufen und sie von dorther als für alle zeitlos verbindlich festgelegt haben.

– ein sich verändernder Blick

Der weiter entfaltete Blick auf die Natur lehrt uns zum Beispiel heute deutlich etwas anderes als es die extrem geschlechtsfeindliche Position des späten Augustinus noch wahrgenommen und behauptet hat. Wir wissen heute, dass es in der Natur alle <u>For-</u><u>men</u> von Sexualität (MF/MM/FF/MFFF.../FMMM.../bis hin zur Umwandlung geschlechtlicher Identität), alle <u>Weisen</u> von Sexualität (monogam bis polygam/zölibatär gemeinschaftsstiftend/ von Fressen oder Verbeisen in den Partner über brutalen Rein-raus-Sex bis hin zu langem, zärtlichem oder gar ritualisiertem Sex) und ebenso alle <u>Funktionen</u> von Sex gibt (Reproduktion/ Konfliktvermeidung/Aufnahme oder Wiederaufnahme in eine Gemeinschaft/Zusammenhalt in einer Gruppe/Lebensfreude und Lust am Spielen/...). Alles das ist in der Natur belegt und vieles davon kommt auch bei uns Menschen vor. Darum kann auch von der Natur her gedacht zunächst einmal keines solcher auch bei uns Menschen vorkommender Muster als gegen die Natur oder als gegen den Schöpfungswillen Gottes bezeichnet werden solange sie den genannten „Kriterien der Natur" entsprechen und niemandem Schaden zufügen.

So lautende Einzelfestlegungen sind lediglich in bestimmten historischen, klimatischen, sozialen, ökonomischen, politischen oder religionsgeschichtlichen Zusammenhängen formuliert und dann als zeitlos gültig und verbindlich gesetzt worden. Wohl gab es zur Zeit dieser Setzungen oder gibt es generell zeitlos für einzelne Festlegungen auch gute Gründe. Zum Beispiel hat sich für sehr viele Menschen unbestritten in den „10 Geboten" eine Stimme des Göttlichen materialisiert und wurde in diesen Geboten festgehalten. Jedenfalls berichten dies so die religiösen Quellen. Doch auch außerhalb der Religionen ist der Kernbestand dieser „10 Gebote" weithin als vernünftig akzeptiert. Zu beachten ist aber, dass es immer Menschen in ihren jeweiligen Zeithorizonten waren, die das von Gott her Gefühlte oder „Gehörte" in Wort und Schrift materialisiert und formuliert haben. Die Zeithorizonte und Wissensstände haben sich aber verändert. Daher müssen auch diese alten göttlichen Inspirationen auf die gegenwärtigen Zeithorizonte und Zeitumstände hin befragt, auf ihren Wesenskern durchgründet und gegebenenfalls angepasst oder erweitert werden.

Das in der Formulierung dieser „10 Gebote" Gemeinte wird deutlicher, wenn man die aus dem Hebräischen ebenso mögliche Übersetzung heranzieht, welche nicht zwingend die Aufforderungsform benutzt. Die uns geläufige Übersetzung „Du sollst, Du sollst ..." könnte schlicht auch lauten: „Du wirst, Du wirst, Du wirst ...". Mit dem Vorspann des ersten und zweiten Gebotes der Gottes- und Nächstenliebe sagen die 10 „Gebote" dann nämlich: „Wenn die Gottes- und Nächstenliebe wirklich eine Gestalt Deines Herzens geworden ist, dann wirst Du von ganz alleine nicht morden, stehlen, falsches Zeugnis ablegen ...!" Der eigentliche göttliche Kern dieser „Gebote" wird auf diese Weise viel deutlicher und plausibler. Handeln aus Liebe kann eben nicht lediglich aus einem Befehl heraus eine innere Gestalt unseres Herzens werden, sondern letztlich immer nur aus einer inneren Konsequenz der Gegenwart Gottes in unserer Seele erwachsen. So können wir daran, ob wir tatsächlich von innen heraus nicht morden, stehlen, lügen,... auch erkennen, ob wir die Gottes- und Nächstenliebe wirklich begriffen und in uns verankert haben. Mehr noch: Wenn wir aus uns selber heraus nicht morden, stehlen, lügen,..., dann tragen wir die Gegenwart Gottes in unserem Herzen und in unserer Seele selbst wenn wir dafür vielleicht andere und weltliche Worte benutzen. Entscheidender als das, was wir auf den Lippen vor uns her tragen, ist die tatsächliche innere Gestalt unseres Herzens.

Dies ist nur ein Beispiel dafür, wie wir heute die in der Geschichte formulierten Wahrheiten des Göttlichen auf ihren eigentlichen zeitlos-göttlichen Kern hin befragen und diese so auch heute deutlicher und plausibler machen können. Erst wenn man göttliche Aussagen von den Horizonten ihrer Formulierungszeit oder ihrer Formulierungsperson löst, kann man das eigentlich Göttliche in ihnen freilegen. Erst wenn man etwas von seinem Zeithorizont löst kann es auch zeitlos sein. Es geht ja gar nicht darum, das Göttliche beliebig oder willkürlich zu verändern. Das steht uns auch gar nicht zu! Wir schütten mit notwendiger Hinterfragung, Anpassung oder Neuformulierung nicht „das Kind mit dem Bade aus", sondern wir verstehen es tiefer und lassen das Göttliche aus sich selber heraus leuchten.

Damit werden dann auch weltliche Erkenntnisse klarer und vertiefen sich. Zum Beispiel formulierte 1992 das oberste Bundesgericht der USA: „Der Kern der Freiheit besteht in dem Recht, über das eigene Konzept der Existenz, des Sinns, des Universums und des Mysteriums des menschlichen Lebens selbst zu bestimmen" (Fukuyama, Seite 176). Dem können wir aus religiöser Sicht ohne Einschränkung zustimmen. Wir ergänzen es vertiefend und verdeutlichend aber gemäß der aus der Gottesebenbildlichkeit heraus abgeleiteten Einmaligkeit und Unantastbarkeit des Einzelnen mit der Mahnung, dass dabei weder dem Einzelnen noch anderen beliebig irgendeine Art von Schaden zugefügt werden darf. Nur so finden wir zu einer wirklich humanen Welt, in welcher der Einzelne eben nicht nur eine Nummer ist, die hinter der normgebenden Mehrheit zurückzustehen hat. Eine sicher notwendige Güterabwägung muss sehr sensibel und verantwortungsvoll mit dieser Unantastbarkeit des Einzelnen umgehen denn natürlich kann andererseits auch nicht die Mehrheit zum Sklaven von Einzelnen oder einer Minderheit werden. Wenn jedoch die Mehrheit beliebig mit einer Minderheit oder dem Einzelnen verfahren darf, dann kann dies irgendwann auf die derzeit mehrheitsbildenden Individuen zurück fallen. Möglicherweise stehen diese ja irgendwann einmal ebenso auf der „anderen" Seite – und dann?

So ist das religiös motivierte Beharren auf der Einmaligkeit und Unantastbarkeit des Individuums keine Bedrohung der weltlichen oder juristischen Verantwortung, sondern eine ergänzende und ermahnende Vertiefung. Auch unterschiedlich konstellierte und in ihrer Unterschiedlichkeit wertgeschätzte heilige Wahrheiten und Lebensräume stehen einem solchen sich gegenseitig vertiefenden Wahrnehmen von Verantwortung nicht nur nicht entgegen, sondern sie fördern es sogar. Gemeinsamer Gegenstand weltlicher und religiöser Betrachtungsweisen bleibt der Mensch, dem wir von verschiedenen Zugängen her hilfreich zur Seite stehen wollen.

Zum Beispiel würden wir heute das Gebot „Du wirst Vater und Mutter ehren" dahingehend erweitern, dass dies keine Einbahnstrasse sein kann sondern ebenso den Eltern eine heilige Verantwortung für ihre Kinder anvertraut ist. Wir würden die dem Gebot innewohnende göttliche Wahrheit dann zum Beispiel so formulieren: „Du wirst Vater und Mutter ehren. Du wirst Deine Kinder achten und ihre Heiligkeit wahren".

Die Mehrheit der Menschen zieht heute nicht mehr als Nomaden durch die Wüste. Im Umfeld dieser Umstände sind aber viele unserer religiösen Setzungen entstanden. Wenn wir jedoch heute in völlig anderen Lebens- und Zeitumständen diese heiligen göttlichen Inspirationen nicht in Form und Formulierung mit verändern oder ergänzen weil wir zum Beispiel „nicht dem Zeitgeist hinterher laufen" wollen, dann kann das zum Problem werden. Dies vermag sich zum Beispiel darin zu äußern, dass Menschen für sich nicht mehr als stimmig erleben und fühlen, woran wir unverändert festhalten wollen.

Bleiben wir bei der Natur, von der wir so gerne behaupten, dass wir sie mit der Macht unseres Verstandes begreifen, steuern und beherrschen können. Warum prägt die Natur die so wesentliche Triebkraft des Sexuellen in so unterschiedlicher und wechselnder Weise aus? Einer der hierfür möglicherweise wirkmächtigen Gründe ist die von verschiedenen Gegebenheiten oder Entwicklungen her unterschiedlich erforderliche oder eben gefährliche Höhe der Reproduktion. Die Natur regelt das mit verschiedenen Mechanismen, von denen wir nur einen Teil kennen. Das gilt ebenso bei uns Menschen, denn wir sind und bleiben ja ein Teil der Natur. So hat es zum Beispiel die Natur so eingerichtet, dass sich bei uns Menschen während der Stillzeit trotz Sex in der Regel keine Zeugung ereignet. Die medizinische Wissenschaft nenn das „Laktations-Amenorrhoe". Auch neuere Forschungen bestätigen das. Man kann diesen biologischen Mechanismus nicht allgemeingültig als eine sichere Verhütungsmethode bezeichnen weil er mit der Zeit auch wieder abnimmt. Dennoch deutet einiges darauf hin, dass die Natur die Dauer dieser Laktations-Amenorrhoe als einen Steuerungsmechanismus nutzt.

So gibt es Kulturen mit einem sehr geringen Reproduktionsbedarf. In diesen Kulturen behindern zu viele Nachkommen die Überlebensfähigkeit einer Gruppe. Dies gilt etwa für nomadisch lebende Wildbeuterkulturen (Jäger und Sammler), denn je größer die Gruppe wird, desto weniger mobil ist sie und desto weniger reichen die zur Verfügung stehenden Überlebensressourcen für die ganze Gruppe aus. Solche nomadisch lebenden Wildbeuterkulturen leben darum auch heute noch in relativ kleinen Familienverbänden. Sie zeugen nur etwa alle vier Jahre ein Kind wodurch deren Bevölkerungswachstum (=Reproduktionsrate) nahezu bei Null liegt. Im Gegensatz dazu haben sesshafte Ackerbau-, Industrie- und Urbankulturen (=städtische Kulturen) einen sehr viel höheren Reproduktionsbedarf für Feldarbeit, Verwaltung, Verteidigung,... Es werden hierfür einfach mehr Menschen benötigt. Alleine durch Mehrfach-Aufgabenverteilung ist das irgendwann nicht mehr leistbar. Allerdings nimmt der Reproduktionsdruck später wieder ab durch technischen Fortschritt, mittels effektiver organisierter Verwaltung, wenn eine immer größer werdende Bevölkerung nicht mehr ausreichend ernährt werden kann,... Dann sind Anpassungen zum Überleben notwendig.

Eine der Steuerungsmechanismen der Natur scheint in Bezug auf die Reproduktionsrate die Dauer der Stillzeit zu sein. Bei den heute noch steinzeitlich lebenden Wildbeuterkulturen in Papua-Neuguinea beträgt tatsächlich die Stillzeit noch bis zu vier Jahre, in denen trotz sexueller Aktivität meist keine Zeugung erfolgt. Nur von der Biologie des Kindes her ist eine solche lange Stillzeit nicht notwendig. Bei uns beträgt die Dauer der Stillzeit nur ein Jahr ohne Schaden für das Kind. Wir haben

44

jedoch eine 10-15 Mal, je nach Bezugsgrößenvergleich sogar bis zu 1000 Mal höhere Reproduktionsrate als diese Wildbeuterkulturen (Leutgöb, Seite 40). So ist neben anderen Faktoren vermutlich auch die Dauer der Stillzeit und damit die Wirksamkeit der Laktations-Amenorrhoe ein reproduktionsregulierender Faktor. Über viele Jahrtausende machte unsere höhere Reproduktionsrate auch Sinn. Bei der heute zunehmenden Überbevölkerung der Erde sowie bei der durch den Klimawandel zunehmenden Unbewohnbarkeit bisher von Menschen bewohnter Gebiete durch Trockenheit und Versteppung, durch Überschwemmungen oder durch geostatische Instabilität zum Beispiel einhergehend mit dem Abschmelzen des Eises in Gebirgen wird diese höhere Reproduktionsrate jedoch ebenso zunehmend zum Problem. Möglicherweise greift hier wiederum „die Natur" mit verschiedenen Steuerungsmechanismen ein ohne dass wir diese Zusammenhänge wirklich wahrnehmen oder verstehen.

Zum Beispiel bringen heute Forscher die Ausbildung sexueller Präferenzen und Identitäten in Zusammenhang mit Modifikationen etwa in Zivilisation und Kultur. Sie stellen fest, dass Veränderungen in Zivilisationsform und Kultur auch Veränderungen sexueller Identitäten und Präferenzen mit sich bringen. Die genaueren Mechanismen und Zusammenhänge sind allerdings noch nicht ausreichend erforscht. Dies gilt offenbar für viele Lebensbereiche. In dieser Sichtweise sind Veränderungen von Präferenzen und Identitäten eine kulturelle Anpassungsleistung. Wenn Ideologien oder Religionen sich dieser Anpassung versperren in dem sie zum Beispiel an dogmatisierten Denk- und Fühlweisen früherer Zeiten festhalten, dann führt dies zwangsläufig dazu, dass betroffene Menschen sich immer weniger oder gar nicht mehr mit diesen Ideologien oder Religionen identifizieren können. Es kommt zu einer Art Abspaltungsspannung. Solche Menschen sagen dann: „Ich bin zwar Christ, Moslem, Hindu, Jude … aber ich lebe so, wie ich es für mich als stimmig empfinde."

Die Natur ist stärker als wir! Keine Ideologie und keine Religion kann den Kampf gegen die Natur oder speziell gegen die Natur des Menschen gewinnen. Weder Gesetze noch Strafen noch die Einimpfung eines schlechten Gewissens können dies in der Masse und auf Dauer leisten. Menschen gleichen Glaubens entwickeln zudem in unterschiedlichen Kulturen und Gegenden unterschiedliche Präferenzen und Identitäten. Auch das spricht für den beschriebenen Zusammenhang von Kultur, Zivilisationsform und ausgebildeten persönlichen Präferenzen, wobei hier nicht nur sexuelle Präferenzen gemeint sind. Eine Religion, welche dies nicht wahrhaben will, schließt Menschen von einem göttlichen Heilsversprechen aus statt sie dorthin zu führen. Wenn eine Religion die Natur als Ausdruck eines göttlichen Schöpfungswillens betrachtet, dann darf sie zudem aus sich selber heraus gar nicht so agieren, weil sie dann gegen die Natur und den in ihrer Entwicklungsdynamik sichtbaren Willen des Göttlichen handelt.

In unseren westlichen Industriekulturen nehmen wir wahr, dass hier die Reproduktionsrate deutlich sinkt. Sie sinkt sogar soweit, dass hier bei uns der „Fachkräftemangel" eine hohe Zuwanderung von außen erforderlich macht. Weiterhin nehmen wir wahr, dass sich bei uns zunehmend stärker die immer schon vorhandenen Formen, Weisen und Funktionen des Sexuellen wieder weiter diversifizieren und Raum greifen. Könnte es nicht sein, dass hier ein Zusammenhang besteht? Könnte es nicht sein, dass hier jenseits unseres Verstehen- und Steuernkönnen-Potentials eine der Natur selber innewohnende höhere Weisheit steuernd am Werk ist und uns mit verschiedenen Mitteln an sich global verändernde Umstände anpasst? Jedenfalls ist es diese zeitnahe Anpassungsfähigkeit an sich verändernde Umstände, welche bereits Charles Darwin als einen wesentlichen evolutionären Mechanismus der Natur beschrieben hat. Wenn man nun in der Natur ein höheres göttliches Wirken erblickt, dann ist eben auch diese Anpassungsdynamik Bestandteil des göttlichen Schöpfungswirkens!

„In God We Trust I – Aesculap, 2024"

Was geschieht, wenn wir uns diesem göttlichen Schöpfungswillen und andauernden Schöpfungswirken verweigern, wenn wir uns also nicht mit der Natur bewegen und uns gegebenenfalls mit ihr verändern, das können wir eindeutig an den Folgen eines Handelns sehen, das direkt gegen die Natur arbeitet. Zum Beispiel sind Kohlenstoffverbindungen wesentlicher Bestandteil des Lebens auf der Erde. Offenbar ist es aber für das Leben auf unserer Erde gefährlich, wenn zu viele dieser Kohlenstoffverbindungen in unserer Atmosphäre freigesetzt sind. Seit Urzeiten hat daher die Natur riesige Mengen dieser Kohlenstoffe im Meer durch Organismen und an Land in Wäldern, Moosen, Torfen,... gebunden. Als Erdgas, Erdöl, Kohle oder Diamanten hat die Natur diese Kohlenstoffe unter dem Meer oder unter dem Land abgelagert. Wir Menschen haben nun seit mindestens 150 Jahren in großem Umfang solche Kohlenstoffe hervorgeholt und sie durch Verbrennung wieder in der Atmosphäre freigesetzt. Zumindest mit verursacht durch diese wieder frei gesetzten Kohlenstoffe nehmen wir im „Klimawandel" ein Kippen der atmosphärischen Balance wahr, welche für das Leben auf unserem Planeten unverzichtbar ist. Also lehrt uns der Blick auf die Natur, dass eine Veränderung unseres eigenen Verhaltens ebenso unverzichtbar ist wenn wir als Menschheit überleben wollen. Ein Handeln gegen die Natur und gegen ihre innere Dynamik ist von der Natur her gedacht eindeutig ein Fehlverhalten. Ein Handeln gegen die Dynamik der Natur ist damit auch ein Handeln gegen den Schöpfungswillen Gottes!

„*In God We Trust – Gentechnik auf dem Teller, IV/2024*"

– ein kleiner Ausflug in die Theologie

Eine solche Einsicht bildet sich zunehmend auch in den Religionen ab. Auch sie müssen immer wieder auf sich verändernde Umstände und sich erweiternde Wissenshorizonte reagieren. Ansonsten können sie heute lebenden Menschen immer weniger Orientierung, Hilfe und Heimat bieten. Ein Beharren auf Zeitumstände und Wissenshorizonte von vor 2000 oder gar 5000 Jahren ist wenig hilfreich. Natürlich haben die Religionen auch schon vor 2000 oder 5000 Jahren göttliche Wahrheiten gespürt und sie in der ihnen möglichen Wahrnehmung und Weise in Form und Gestalt gebracht. Unsere Welt, unsere Geschichte und unser Wissen haben sich aber weiterentwickelt und verändert. Darum müssen auch wir zwar nicht den Inhalt aber schon die Form und Gestalt dieser alten göttlichen Wahrheiten mit verändern oder wir gehen unter. Der innere oder äußere Auszug vieler Menschen aus den Religionen und Kirchen spricht da eine deutliche Sprache. Vielleicht brauchen wir aber auch den sich dadurch ergebenden Veränderungsdruck. Vielleicht ist dieser Veränderungsdruck ja auch ein Teil des göttlichen Heilsplanes mit uns.

Veränderung findet alleine schon dadurch statt, dass Menschen bisher Gedachtes, Geglaubtes oder Gesetztes als gegen die Natur oder als gegen „ihre Natur" empfinden. Es fühlt sich nicht stimmig an. Die Reaktion darauf ist individuell unterschiedlich und reicht von innerem oder äußerem Auszug über Rebellion bis hin zu dem Bestreben, innerhalb des jeweiligen religiösen Systems oder Bezugsrahmens Veränderungen herbei zu führen. Diesem Gefühl innerer Stimmigkeit oder eben Nicht-Stimmigkeit kommt eine zentrale Bedeutung zu bei der Wahrnehmung und Wertschätzung der Natur als ethische und moralische Instanz. Es ist wie weiter ausgeführt Schnittstelle und Berührungspunkt weltlicher und religiöser Betrachtungsweisen und Erklärungszugänge.

Etwas, das sich im tiefsten Seelenkern als stimmig anfühlt haben die Mystiker und Propheten aller Religionen immer schon als eine Stimme und als einen Ruf des Göttlichen verstanden. Menschen haben in sich „heiligen" Geist gespürt und haben von diesem Geist getrieben Göttliches in Wort und in Gestalt gebracht (2 Petr 1, 21). Der mittelalterliche Mystiker und Philosoph Meister Eckhart hat diese innerste Stimme als „Seelenfunken" beschrieben, über den sich das Göttliche direkt in unserer Seele äußert. Dieser Seelenfunke stellt eine dynamische Verbindung dar zwischen Gott und Mensch und somit auch zwischen dem Verstand, welcher der Wissenschaft zugrunde liegt, der Vernunft, welche uns fühlen lässt, was richtig und „vernünftig" ist, und der Religion, welche diesem innersten Spüren des Göttlichen Ausdruck und Gestalt gibt. Damit sind wir zwar nicht Gott aber die innerste Verbindung oder bildlich ausgedrückt die „Telefonleitung" zum innersten Wesensstrom der Natur und in diesem Strom zur göttlichen Weisheit in allem Lebenden und Seienden eröffnet uns einen strahlenden Horizont, der weit über Verstand und Vernunft hinausreicht. Wir selber verbauen uns diesen Horizont, wenn wir nur in den Grenzen von Verstand und Vernunft verharren wollen! Dieser Horizont stellt aber keinen Widerspruch zu Verstand und Vernunft dar sondern er beschreibt einen innersten, von uns „göttlich" genannten Lebensfluss, um den herum sich Verstand und Vernunft sortieren und orientieren können. Dies macht darum Sinn, weil Verstand und Vernunft diesen innersten göttlichen Fluss nie völlig ergreifen können.

Ähnlich begegnet uns das in anderen Religionssystemen. So ist etwa im Hinduismus Brahman die alles durchdringende Weltseele. Atman hingegen ist die Manifestation des Brahman in dem „Selbst" oder auch der Seele des einzelnen Menschen. Atman ist darum auch der Schlüssel zu von Brahman erleuchteter Erkenntnis. Die „Brahmanen" streben als streng spirituell ausgerichtete Kaste danach, so weit wie möglich mit ihrem innersten Atman zu verschmelzen, sich in ihn zu versenken und aus ihm heraus zu leben.

Das Leben aus diesem innersten, mit dem Göttlichen verbundenen Seelenkern heraus wird in den Religionen mit mystischen Begriffen bezeichnet wie „göttliche Inspiration" (= der Geist des Göttlichen wird uns eingegeben), wie „Inkarnation" (= das Göttliche nimmt in uns Gestalt an) oder wie „Gotteskindschaft" (= je mehr wir aus diesem innersten göttlichen Wesenskern heraus leben, desto mehr sind wir zwar nicht Gott aber ein „Kind" Gottes). Der Psychoanalytiker Carl Gustav Jung bezeichnet dieselbe Dynamik in weltlich-wissenschaftlicher Perspektive als „Durchbruch zur Persönlichkeit". Dieser ereignet sich in dem Maße, wie man aus einer Übereinstimmung mit der innersten Seelenstimme heraus sich von allen Einengungen und Vierbiegungen der eigenen lebensbiografischen Gewordenheiten befreien kann. Ob und in welcher Abstufung man diese mystische „Gotteskindschaft" auch als eine reale Inkarnation und Materialisierung des Göttlichen versteht, wie wir Christen es in Bezug auf die Göttlichkeit Jesu Christi tun, das ist im Rahmen des hier dargelegten Argumentationsganges nicht wesentlich. Es geht an dieser Stelle nur um den Zusammenhang, dass es eine innere Verbindung gibt zwischen Gott und Mensch, somit auch zwischen Wissenschaft und Religion. Sie zeigt und äußert sich in der Harmonie von Gedachtem, Gefühltem oder Geglaubten mit dieser inneren Seelenstimme. Ein moderneres Wort hierfür ist „Authentizität". Diese zeigt sich unabhängig von Bildung und jenseits des angelegten Reflexions- oder meditativen Versenkungsgrades eben als jenes Gefühl innerer Stimmigkeit.

Das bedeutet auch für uns, dass göttliche Wahrheiten sogar durch den Verstand alleine gar nicht erschlossen werden können! Karl Rahner, einer der bedeutendsten Theologen des letzten Jahrhunderts, hat das so beschrieben, dass Theologie immer auch eine anbetende und mystische Theologie sein muss – ansonsten ist sie letztlich nichts weiter als schnöde Eitelkeit der

Gedanken. Die reproduzierbare und damit auch kommunizierbare Basis menschlicher Erkenntnis ist die menschliche Logik. Wenn wir nun von einem göttlichen Schöpfer her stammen, dann hat uns dieser auch unsere menschliche Erkenntnismöglichkeit und Erkenntnisstruktur gegeben. Das aber heißt selbstredend, dass Gott über dieser Struktur stehen muss. Ansonsten hätte er sie ja nicht erschaffen können. So ist die menschliche Logik zwar positiv wertgeschätzt Ausfluss und Bild des Schöpfers, jedoch keine oder allenfalls eine teilweise Beschreibung des Schöpfers. Erst in der Verbindung der menschlichen Logik mit der vom göttlichen Seelenfunken her geläuterten Vernunft, also der Authentizität mit der innersten Seelenstimme, kann der Mensch überhaupt zu göttlicher Wahrheit finden – er kann es aber! Durch ihre Verankerung im Individuum bleibt diese göttliche Wahrheit zwar immer eine dynamische Größe, jedoch haben vom Göttlichen her erleuchtete Individuen wie Religionsgründer, Mystiker und Propheten diese göttlichen Wahrheiten immer schon in Wort, Schrift und Handlung zum Ausdruck gebracht. Damit bieten sie bis heute Orientierungsmöglichkeiten an, mit denen das religiös erleuchtete Individuum seine eigenen Eingebungen sortieren und überprüfen kann. Eine solche Überprüfung auf eine übergreifend gemeinsame Plausibilität hin ist enorm wichtig, denn sonst kann es wie weiter ausgeführt keine gemeinsame Ausrichtung auf das Göttliche hin geben.

Natürlich muss man diese individuelle innere Stimmigkeit von Geglaubtem oder Gedachtem immer darauf hinterfragen, ob sich dahinter vielleicht dem göttlichen Schöpfungswillen widerstrebende und zerstörerische Kräfte und Geister verbergen wie etwa ein vom Zeitgeist oder von Allmachtsfantasien geprägtes Wunschdenken, wie eine Angst-Struktur, wie eine zeitlich begrenzte Phase zum Beispiel in Gestalt eines pubertären oder späteren Entwicklungsschrittes, wie ein Reflex oder Gegenreflex auf verheerende Sätze, die sich in der Kindheit in uns eingebrannt haben, wie eine durch traumatisches Erleben erlittene seelische und psychische Verengung beziehungsweise Verbiegung oder wie ein sonstiger krankhafter Zustand, von woher auch immer dieser als krankhaft definiert sein mag. Im Christentum nennen wir dies die „Unterscheidung der Geister". Diese ist unbedingt notwendig, denn nicht jede innere Stimme ist eine Stimme Gottes! Mit dieser notwendigen Hinterfragung erkennt jedenfalls die Katholische „Sensus Fidei"-Lehre die sich im Individuum äußernde Stimme des Göttlichen an als Grundlage dafür, dass sie die innere Stimmigkeit der Mehrheit oder der Gesamtheit aller Gläubigen als Wahrheitsquelle begreift. Damit kann auch Tradition ein Teil göttlicher Äußerungen und Wahrheitsquelle sein.

Für die von der Natur eingerichtete Triebkraft des Sexuellen bedeuten auf theologischer Ebene die bisherigen Darlegungen, dass Sexualität in sich selber zunächst weder gut noch böse, weder moralisch noch unmoralisch, weder ethisch zu begrüßen oder zu verwerfen ist. Sie ist schlicht und einfach ein Teil unserer Natur. Verwerflich könnte sie in der Sichtweise der Natur nur dann sein, wenn sich sexuelles Handeln direkt gegen die genannten „Kriterien der Natur" richtet oder direkt gegen die Unantastbarkeit, Würde und Freiheit des Einzelnen. Diese kann letztlich nur von einem allen gemeinsamen göttlichen Urgrund her sowie aus der in jedem Menschen vorhandenen Verbindung von Gott und Mensch begründet werden. Für eine solche Unantastbarkeit des einzelnen Menschen gibt es aber auch rein weltlich gedacht viele gute Gründe, auf die hier nicht weiter eingegangen zu werden braucht. So ergänzen sich weltliche und religiöse Betrachtungsweise. Auch neuere Erkenntnisse und Beobachtungen in der Natur kann man in dieser Verwobenheit für religiöse und ethische Antworten und Impulse nutzen sofern man die Natur als Ausfluss und Gestalt eines göttlichen Schöpfungswillen begreift.

Dies bleibt eine ständige Herausforderung, weil sich ja unser Wissen über die Natur stets erweitert. Zu diesem erweiterten Wissen über die Natur und den Menschen gehören neben in der Medizin angewandten biologisch-somatischen Kenntniserweiterungen auch verhaltensbiologische, soziologische, psychologische, ökonomische, historische, klimatische ... Beobachtungen, Faktoren und Fakten.

– *konkrete Lehren aus der Natur*

Ein Beispiel für das voran Dargelegte ist, dass es in der Natur durchaus so etwas wie „zölibatäres" Zusammenleben gibt. Es zeigt sich als gemeinschafts-gründendes oder gemeinschaftsstabilisierendes Verhalten etwa bei Erdmännchen. In einem Erdmännchen-Clan darf nur das Alpha-Weibchen Nachkommen zeugen. Die anderen Weibchen bleiben „zölibatär" lebend in der Gruppe und sind unverzichtbar für gemeinschaftliche Aufgaben wie etwa die Betreuung des Nachwuchses. Wenn sie eigene Familienverbände gründen wollen müssen sie den bisherigen Clan verlassen. Auch bei anderen Rudel- oder Clan-Tieren gibt es vergleichbare Strukturen. Innerhalb des Rudels oder Clans jedenfalls begründet die „zölibatäre" Lebensform der meisten Weibchen oder in anderen Beispielen Männchen den Zusammenhalt, das Funktionieren und das Überleben der Gruppe. Aus der Natur heraus betrachtet kann daher eine freiwillige Zölibatsverpflichtung nicht als verwerflich bezeichnet werden sofern sie sich für den Einzelnen auch stimmig anfühlt, also er oder sie sich dazu „berufen" fühlt. Als durch äußere Umstände wie zum Beispiel den Priestermangel erzwungenes Einsiedler- oder Single-Dasein dagegen verfehlt eine Zölibatsverpflichtung jedoch von der Natur her gedacht eindeutig ihren Ort und ihre Berechtigung, weil wir Menschen soziale Wesen sind aber dieses zölibatäre Leben dann eben nicht mehr in eine konkrete Lebensgemeinschaft eingebunden ist. Das ist von der Natur her gedacht ein deutlicher Hinweis an die Verantwortung tragenden Bischöfe.

Natürlich muss eine Lebensgemeinschaft sich selbst definieren. So bietet sie sich als Lebensmodell an für Menschen, welche dieser Lebensgemeinschaft beitreten wollen. Allerdings ist ein zum Pflichtzölibat später hinzu gekommenes Keuschheitsgelübde oder Keuschheitsideal so in der Natur nicht zu finden. Ein direkt zum Wesenskern gehörendes asexuelles Verhalten und Empfinden gibt es in der Natur nach heutigem Wissensstand nur bei sich selbst reproduzierenden Lebewesen. Woanders macht das ja auch gar keinen Sinn. Es gibt eine phasische Asexualität zum Beispiel bei Bären oder Herdentieren außerhalb der Brunftzeit. Es gibt phasisch asexuelles Verhalten als regulativen Mechanismus etwa bei Nahrungsmangel. Eine direkt zum Wesenskern gehörende stabile Asexualität ist jedoch bei Säugetieren und Primaten nicht bekannt. Bisher bei Menschen wenig erforscht auf ihren Wesenskern, ihre möglichen lebensbiografischen Hintergründe oder andere eine Rolle spielende Faktoren ist eine seltene aber offenbar objektiv vorkommende oder zumindest subjektiv empfundene direkte Asexualität. Ob man diese aber tatsächlich im Sinne der derzeit gültigen ICD-10 (= „International Classification of Diseases/10. Revision") als Funktionsstörung oder gar als Krankheit einstufen darf (ICD 10/F52.0-F52.1) kann zumindest bezweifelt werden. Vielleicht ist dieses Erscheinungsbild der direkten Asexualität ja auch positiv wertgeschätzt lediglich ein von der Natur hervorgebrachtes Spiel- und Verhaltensmuster sowie darin eine Anpassungsleistung der Natur selber. Es darf daher von der Natur her gedacht durchaus kritisch angefragt werden, ob ein gefordertes Keuschheitsgelübde als Teil der göttlichen Ordnung verstanden werden darf oder ob sich eine solche Keuschheits-Forderung nicht sogar direkt gegen die Natur des Menschen und damit gegen die göttliche Schöpfungsordnung richtet.

Eine durchgehende Erfahrung der Erd- und Menschheits-Geschichte ist jedenfalls die, dass sich die Natur und das Leben immer ihren Weg gesucht haben. Es hat noch nie funktioniert, dass sich Entscheidungen gegen die Natur bewährt haben. Schon der römische Dichter Horaz formulierte prägnant: „Man kann die Natur mit der Mistgabel aus dem Schweinestall treiben – sie kommt durch die Hintertür wieder herein!". Die Natur hat sich schon immer ihren Weg gesucht – zur Not halt heimlich. Das aber ging und geht auch heute noch zulasten Einzelner, denen es in unterschiedlichen Zusammenhängen und Gründen verweigert wird, so zu leben, wie sie es ihrer Natur gemäß als „stimmig" erleben. Das kann sich im Laufe des Lebens ja auch verändern. Die daraus entstehende Spannung zwischen Möchten und Dürfen, zwischen Empfinden und Leben eines Bedürfnisses führt nach vorne gerichtet zu Ausbruch aus Konventionen, zu Auszug aus dem System, zu Rebellion gegen das System oder zu Reform-Bestreben in dem System. Ansonsten sind nach hinten gewandt und damit letztlich gegen uns selber gerichtet das Ergebnis der dann nur noch verbleibenden Resignation häufig Ventilhandlungen wie unter anderem missbräuchliche Übergriffe und Gewalt oder unweigerlich durch diese „regressive" Resignation verursacht Erkrankungen an Geist, Seele, Psyche und Körper. In der gegenwärtigen Missbrauchsdebatte kommt dieser Aspekt aber kaum vor.

Die Natur als ethische und moralische Instanz lehrt uns jedenfalls, dass Lebensfreude, Spielfreude, Freude, Lust oder auch Geilheit niemals in sich selber gegen die Natur oder gegen die göttliche Schöpfungsordnung sein können. Dies gilt solange, wie niemandem dabei irgendeine Art von Schaden zugefügt wird. Das aber heißt, dass jeder darin wertgeschätzt werden muss, dass er so leben darf, wie er es für sich selber als stimmig empfindet! Jedes Beschneiden dieser innersten Stimmigkeit wäre ein Beschneiden des Schöpfungswillens Gottes und würde sein Wirken durch unsere eigenen menschlichen Engen und Grenzen behindern!

Theologisch ist es dem dargelegten Argumentationsgang folgend sogar geboten, dass jeder so leben können muss und auch darin wertgeschätzt werden muss, wie er es seiner innersten Stimme gemäß als „stimmig" erlebt. Alles andere wäre eine unerträgliche, entmenschlichende und zerstörerische Überheblichkeit, welche die eigene menschliche Begrenztheit über die Unendlichkeit der Größe Gottes setzt! Natürlich gilt dies nur unter dem Vorbehalt der Überprüfung, ob sich hinter diesem Gefühl innerer Stimmigkeit krankhafte oder zerstörerische Kräfte und Geister verbergen, die niemals dem göttlichen Schöpfungswillen entspringen können. Mit dieser „Unterscheidung der Geister" aber entspricht es dem göttlichen Schöpfungswillen, wenn jemand sich einfach dadurch in den grossen göttlichen Lebens- und Liebesstrom einschwingen darf, dass er seine schöpferischen Lebensenergien frei fließen lassen und sich so auf verschiedene Weise mit anderen Menschen verbinden kann. Dabei ist schöpferisches Wirken sehr viel mehr als „nur" Nachkommen zeugen!

Fazit

Zusammenfassend ausgedrückt leben weltliche und religiöse Betrachtungsweisen und Erklärungszugänge davon, dass sie sich gegenseitig wertschätzen, korrigieren und erweitern. Göttliche Einsichten und Wahrheiten sind uns nur dann zugänglich und möglich, wenn wir sie mit statt gegen die Natur suchen und sie zudem gleichzeitig in der Authentizität innerer Stimmigkeit des Gedachten mit der höheren Weisheit jenseits unseres menschlichen Verstandes verbinden. Einen solchen durch Authentizität geläuterten Verstand kann man auch als „gesunden" Menschenverstand bezeichnen, weil er in sich selber fühlt und weiß, ob etwas Gedachtes oder Geglaubtes auch richtig sein kann oder eben nicht. Vernunft ist mehr als nur Logik. Etwas Gedachtes oder Gesetztes ist nicht vernünftig, wenn man innerlich fühlt, dass es nicht richtig sein kann.

Noch deutlicher wird dies, wenn sich die Vernunft mit der Authentizität zur innersten „göttlichen" Seelenstimme verbindet. Dann gibt es sogar in der Geschichte geäußerte und aufgeschriebene Impulse und Aussagen des Göttlichen, die uns Orientierung und Hilfe anbieten können. Viele Religionsgründer, Propheten und Heilige geben beredtes Beispiel dafür ab. Genau das hat immer wieder zum Widerstand gegen Unrechts-Strukturen oder Unrechts-Ideologien geführt. Genau davon sprach der verstorbene Papst Benedikt XVI wenn er in seiner Enzyklika „Deus Caritas Est" auf die notwendige „Reinigung der Vernunft" hinwies.

Dafür muss man aber nicht Philosophie studiert haben oder sich mit auferlegter Askese quälen. Der „gesunde Menschenverstand" ist immer der beste Ratgeber – selbst wenn man sich im gegenwärtigen Tollhaus der Welt und der Politik manchmal verzweifelt fragen muss, wo der denn eigentlich geblieben sein mag. Dabei ist es doch eigentlich gar nicht so schwer: einfach „der Natur" folgen, einfaches authentisches Spüren und entsprechendes Handeln genügt. Dann sind wir nicht nur mit der höheren Weisheit des Göttlichen verbunden sondern wir gestehen Gott oder „dem Göttlichen" auch zu, uns zu führen. Das können wir ganz einfach, indem wir schlicht auf die Natur und ihre Stimme in uns hören, ihr folgen und so dieser Stimme, diesem „Lockruf des Heiles" in uns seinen Lauf lassen. Damit sind wir allemal besser beraten, als wenn wir mit unserem begrenzten Verstand die Natur oder gar uns selber definieren, steuern oder verändern wollen, zumal wir die Natur und uns selber ja nicht einmal völlig verstehen.

Der Natur selber wohnt eine höhere Weisheit des Göttlichen inne, welche in den Religionen als umfassendes Heilsversprechen Gestalt angenommen hat. Es lohnt sich darum, in innerer Gelassenheit auf diese Heilsversprechungen zu vertrauen und dem in ihnen beschriebenen Licht zu folgten statt uns selber an die erste Stelle zu setzen und uns so zu Göttern zu erheben. Genau davor haben uns die Mythen und Religionen aller Zeiten und Völker immer wieder eindringlich gewarnt. Der Schlüssel dafür, zum Heil zu finden, liegt also gerade nicht darin, sich von der eigenen Überheblichkeit verführen und auf einen Thron setzen zu lassen. Er liegt schlicht darin, demütig der Spur des Lichtes in unserer eigenen Seele zu folgen.

Wenn wir das in unseren eigenen religiösen Systemen und Organisationen wieder mehr begreifen, umsetzen und verkünden, dann werden wir auch wieder mehr in vielen Menschen heilende Prozesse anstoßen. Wir bieten dann auch wieder mehr Orientierung, Hilfe und Heimat an für Menschen in innerer Suche und Not beziehungsweise wir verantworten und produzieren eine solche Not erst gar nicht mit. So können sich krankmachende Strukturen unserer eigenen Organisationsformen zunehmend wieder auflösen. Gerade die Erschütterungen und Skandale unserer Zeit weisen uns sehr deutlich darauf hin, dass es hier Handlungs- und Veränderungsbedarf gibt!

Helfen kann uns dabei der Blick auf die Natur. Die Weisheit der Natur und – im Falle der religiös angelegten Betrachtungsweise – in ihr die Weisheit des Göttlichen ist eben doch unendlich viel größer als unser kleiner und leider auch allzu oft überheblicher menschlicher Verstand.

IV. Das Irrationale
als Wesenszug des Menschen

Die Natur des Menschen zeigt in unserer Ambivalenz von Rationalität und Irrationalität, was richtig, gerecht und wichtig ist oder eben auch nicht. Nur im Miteinander von Rationalität, welche sich im Fortschreiten der Wissenschaft aktualisiert, und von Irrationalität, welche unser Seelenstreben fühlt und zum Ausdruck bringt, kann unsere menschliche Natur Ausgangspunkt von Werten sein, nach denen wir gemeinsam unser Leben ausrichten wollen. Wenn man das eine oder das andere ausblendet werden wir Menschen entweder zu stumpfen, überwachten und als Zahnrad funktionierenden Maschinenteilen oder wir werden zu glücklichen Sklaven in einem definierten und nicht mehr hinterfragten Sklavenglück.

Sollten wir versuchen, mit medizinisch-technischen Möglichkeiten wie Gentechnik oder Psychopharmazeutika diese der Natur des Menschen innewohnende Ambivalenz zu nivellieren oder auszuschalten, dann entmenschlichen wir uns in letzter Konsequenz selber. Wir führen dann vielleicht ein Leben ohne Depressionen aber eben auch ohne Kreativität und nach vorne gestaltenden Geist; wir führen vielleicht ein längeres Leben, aber wir verstumpfen, weil wir zunehmend unsere eigenen Fähigkeiten abgeben an Maschinen oder künstliche Intelligenz; wir greifen auf „Therapien" zurück, denen es nicht mehr darum geht, aus eigener Kraft etwas zu erreichen (das wäre „menschlich"!), sondern die nur biochemische Pegelstände im Gehirn regulieren wollen (Fukuyama, Seite 251 ff.). Das alles kann jedoch letztlich nicht wirklich Humanität (= „Menschlichkeit") und Würde des Menschen ersetzen, weil Humanität nicht in sich selber ein Synonym für Glück ist (dies wäre eben in der Konsequenz jenes nicht hinterfragte Sklavenglück) und die Würde des Menschen neben seiner Freiheit auch in seiner rational-irrationalen Ambivalenz zum Ausdruck kommt. Ohne die Beachtung und auch

Wertschätzung dieser Ambivalenz laufen wir wie weiter dargelegt in einen moralischen Abgrund.

Wir Menschen sind unter anderem dadurch gekennzeichnet,
dass wir nicht nur logisch strukturiert sind und wie Maschinen
funktionieren. Das Irrationale hat immer zu uns dazu gehört wie
das Rationale. Beobachten, Erfahrungen und logisches Herleiten hahen uns in immer komplexer werdenden Sprachmustern
und Sozialformen erhebliche Entwicklungs- und Erkenntnis-
sprünge machen lassen. Durch verschiedene Faktoren mit beeinflusst ist gleichzeitig unser Gehirn immer mehr angewachsen
und hat sich zu jenem hochkomplexen Gebilde entwickelt, das
wir heute als Homo Sapiens haben. In den verschiedenen Entwicklungsstufen zum Homo Sapiens hin können wir auch eine
Zunahme des Gehirn-Gewichtes nachweisen. Dennoch ist und
war das Moment des Irrationalen immer ein wesentlicher Bestandteil und Motor des Menschen und der menschlichen Entwicklung. Träume, Visionen und Aufbrüche hätte es ohne dieses
irrationale Element in uns nicht gegeben weil wir immer nur in
unserer eigenen kleinen Welt geblieben wären.

Wenn also nur das Rationale zum ausschließlichen Welt- und
Menscherkennungsmonopol erklärt wird, dann blenden wir einen Teil unseres Menschseins aus. Wir verdorren weil eben keine Gefühle, Träume und Visionen mehr als Wahrheits- und Er-
kenntnisquelle genutzt werden. Das Irrationale nimmt Gestalt
an in rein logisch betrachtet „unvernünftigen" inneren Regungen oder äußeren Handlungen sowie im individuellen oder gemeinsamen mythischen und kultischen Vorstellen und Erleben.
Hierin materialisiert sich ein inneres Fühlen und Sehnen nach
etwas „Höherem". Es ist eine Art unlogisches inneres Wissen
und Ahnen um eine Eingebundenheit in ein höheres Ganzes.
Doch es ist zu einseitig gedacht, dies einfach nur als einen Er-
satz für noch fehlende „wissenschaftliche" Erkenntnis zu inter-
pretieren. Wir wissen heute, was ein Sonnenuntergang ist und
warum er sich wie zeigt. Wir wissen auch, was der Mond ist

und warum er leuchtet. Und doch kann der Anblick des Mondes oder eines Sonnenunterganges bis heute in uns Seelenschwingungen hervorrufen, die eindeutig nicht dem Bereich des Rationalen zugehören.

Dieses mythische Ahnen hat sich im gemeinsamen Erleben und Darüber-Reden zunächst in lokalen Mythen, Sagen und Göttervorstellungen ausgeprägt. Das waren nicht einfach nur primitive Erklärungsversuche. Sicher bieten diese mythischen Vorstellungen Erklärungsmodelle an. Darin verwoben waren sie aber ebenso Ausdruck eines gemeinsamen inneren Fühlens und Ahnens. Eine Trennung von rationaler Welterklärung und mythischem Wissen oder religiösem Ahnen fand ja erst sehr viel später statt. Jedoch hat bis heute das rationale Erklären nie das mythische Ahnen und Wissen ersetzen können. Bis heute hat es sich überall in der Welt erhalten im Volksglauben oder in den Religionen, die sich im Verlauf der Geschichte daraus entwickelt haben. Offenbar ist also dieses Irrationale, Mythische, Mystische oder auch Religiöse in uns Menschen etwas, das wir nicht mit der Ratio wegdiskutieren können. Es ist ein wesentliches Merkmal, das uns Menschen auszeichnet.

Sobald wir versuchen, dieses Irrationale zu verdrängen, wird es sich dennoch seinen Raum suchen und nehmen, einfach deshalb, weil es zu uns Menschen wesentlich dazu gehört. Es äußert sich dann zum Beispiel in einer Vielzahl von Süchten, die wir auf Wegen zu befrieden suchen, welche dann ebenso wenig als „rational" bezeichnet werden können. Das fängt an bei selbsterschaffenen Scheinwelten, steigert sich über nicht wirklich benötigte Statussymbole in einen Konsumwahn und endet schließlich im Missbrauch von Medikamenten und Drogen. Die brutal emotionslose und rechnerische Welt, welche in letzter Konsequenz durch eine ausschließlich rational definierte Welterfassung hervorgebracht wird, ist nicht ohne Grund für uns Menschen kaum auszuhalten. Wir fliehen vor ihr. Sie entspricht uns nicht. Wir fühlen, dass dann etwas fehlt. Man kann natürlich sagen, dieses Irrationale seien nur wild-chaotisch vor sich hinmutierende Hirnpegel und Botenstoffe. Man könnte dann einfach behaupten, große Religionspersönlichkeiten wie Mohammed oder Paulus hätten schlicht in einer Schläfenlappenepilepsie religiös gedeutete Wahnvorstellungen gehabt. Manche Religionswissenschaftler behaupten das sogar und vielleicht ist ja auch ein wahrer Kern daran. Und dennoch wäre das kein Gegenbeweis dazu, dass in unserem Sehnen, Hoffen und Ahnen etwas Höheres oder „Göttliches" zum Ausdruck kommt. Vielleicht geht das ja sogar Hand in Hand. So wurden bei vielen Naturvölkern und Indigenen geistig oder psychisch „Kranke" als Menschen geehrt, die eine besondere Nähe zu den Göttern hatten. Man kann also mit dem gleichen und letztlich nicht beweisbaren Recht wie das Gegenteil behauptende rein weltlich denkende Materialisten davon ausgehen, dass sich im irrationalen Bereich unserer menschlichen Natur etwas Höheres oder anders ausgedrückt etwas „Göttliches" äußert und sich entfalten will.

Ob man dieses irrationale Element rein biochemisch-profan erklären will oder ob man hier eine Verbindungslinie zum Göttlichen erblickt ist schon alleine deshalb nicht bewertbar, weil man Ursache und Wirkung nicht auseinanderhalten kann. Haben bestimmte biochemische Vorgänge im Gehirn in uns so etwas wie eine religiöse Sehnsucht hervorgebracht oder hat sich etwas Göttliches in unsere biochemischen Strukturen hinein abgebildet? Die gleiche Frage stellt sich ja auch im psychiatrisch-psychotherapeutischen Bereich: Hat eine biochemische Störung des Gehirnes psychische oder psychiatrische Krankheitsbilder hervorgerufen oder hat eine zerstörerische geistig-seelische Energie sich in unsere biochemischen Strukturen hinein ausgewirkt? Da dies sehr oft nicht klar auseinanderzuhalten ist muss man davon ausgehen, dass beides ineinander verwoben ist. Für psychiatrische oder psychotherapeutische Behandlungsansätze ist das von immenser Bedeutung!

Für den Zusammenhang des Diskussionsbeitrages in diesem Buch ist das aber nur insoweit von Bedeutung als dass uns die menschliche Natur in ihren rational-irrational verwobenen Elementen spüren lässt, was „gut" und „gerecht" ist oder eben auch nicht. So legt die Natur des Menschen selber die Basis für sittliches Empfinden. So bietet die Natur und die Natur des Menschen uns eine übergreifende Plausibilitätsbasis, die sich nicht in die jeweils eigene Binnensphäre zurück zieht, sondern für alle Anknüpfungspunkte bereit hält. Ohne das Element des Irrationalen gäbe es darüberhinaus ein solches sittliches Empfinden gar nicht. Wir wären dann schlicht wie Computer oder Maschinen ohne jegliches Mitgefühl. Wenn man also das Irrationale als einen Wesenskern des Menschen anerkennt und wertschätzt, dann haben die Religionen als Materialisierung, Formung und Fluchtpunkt einer irrationalen Heilshoffnung eine unverzichtbare Aufgabe und Bedeutung. Sie begreifen sich als Seelenkommunikation mit einem göttlichen Urgrund, ohne dessen sich in jeder Materie ereignende Schwingung überhaupt nichts existieren würde.

So wissen wir heute, dass Materie aus einem Materiekern besteht, um den herum sich verschiedene Teilchen in unterschiedlicher Schwingungsfrequenz bewegen. Wir wissen auch, dass zwischen dem Materiekern und den um ihn kreisenden Teilchen ein riesiger „freier" Raum existiert, von dem wir aber gar keine Kenntnis haben. Um es bildlich zu verdeutlichen: Wenn der Materiekern ein Fußball auf dem Anstoßpunkt in der Mitte eines Fußballstadions wäre, dann würden diese Teilchen außerhalb des Stadions kreisen! Wir können diese Teilchen und ihre Frequenz zum Teil beschreiben. Wir wissen jedoch nicht, warum sie schwingen oder was tatsächlich in diesem „freien" Raum passiert. Wir wissen aber, dass der Materiekern mit den um ihn kreisenden Teilchen zusammen die Art und den Aggregatzustand der Materie ausmachen, also ob sie flüssig, fest oder gasförmig ist. Ohne die Schwingung der kreisenden Teilchen gäbe es aber diese Materie gar nicht, sondern nur ein kleines

„schwarzes Loch". Es gibt also keine „tote" Materie, sondern nur organische und anorganische Konstellationen. Niemand kann erklären, woher tatsächlich diese Schwingung kommt. Leben und Sein ist aber immer Schwingung oder es ist nichts anderes als eben ein solches „schwarzes Loch". Im Hinduismus ist dieses Wissen ausgedrückt in der Verehrung des tanzenden Gottes Schiva. Nur solange dieser Gott tanzt existiert das Sein. Hört er auf zu tanzen, dann hört die Schöpfung auf zu existieren.

„In God We Trust-Reichsapfel, II/2024"

Wir müssen einfach lernen, größer zu denken und zu begreifen. Das Unbegreifbare, das nicht mit unserer Logik und der darauf basierenden sogenannten „Wissenschaft" erklärbar ist, gehört untrennbar zu unserem Leben dazu. Irrationales oder auch religiöses Ahnen und Fühlen hat seit Urzeiten schon Wahrheiten „gewusst", ins Wort gebracht und bildlich dargestellt, welche die weltliche Wissenschaft erst nach und nach als „neueste" Erkenntnisse zu akzeptieren bereit ist. Natürlich müssen religiöses und weltliches „Wissen" miteinander kommunizieren, streiten und so gemeinsam ihre Horizonte erweitern. Kein ernstzunehmender Theologe wird heute noch behaupten, dass die Erde eine Scheibe sei! Jedoch sind es gerade die Religionen, welche diese unerklärbare Schwingung alles Seienden als göttliche Schöpfungsschwingung sowie als menschliche Seelenschwingung wahrnehmen und ins Wort bringen. Auch in der Natur nehmen wir wahr, dass Schwingungen der Kommunikation dienen zwischen Pflanzen, zwischen Pflanzen und Tieren (zum Beispiel zwischen Kolibris und ihren Nektar gebenden Blütenpflanzen) und zwischen Tieren. Die Religionen verhelfen uns mit der Einbindung dieser Schwingungen in ihren Urgrund sowie dem „ins Wort Bringen" dieser Schwingungen aus diesem Urgrund heraus zu einem umfassenden Weltbild, das zum einen nicht der Überheblichkeit des begrenzten menschlichen Verstandes erliegt und das zum anderen diese jedem Menschen innewohnende Seelenschwingung auf ein schöpferisches und eben nicht zerstörerisches Ganzes hin lenkt. Zumindest ist Letzteres in der Sicht der meisten Religionen ihr ureigenster Auftrag.

Wie sehr es nötig ist und bleiben wird, das Irrationale unserer menschlichen Natur in schöpferische Bahnen zu lenken, können wir jeden Tag im persönlichen Leben, in unserer Gesellschaft und auf der großen politischen Bühne des Welt-Theaters sehen. Dunkle, zerstörerische, abgrenzende und ausgrenzende Kräfte in unserer Seele lassen uns von einer Katastrophe in die nächste Katastrophe schlingern, von einem Krieg in den nächsten Krieg, von einer Gewaltherrschaft in die nächste, die sich vielleicht einen anderen Namen gibt aber im Grunde das Gleiche ist. Wo menschliche Größen- oder Allmachtsfantasien, wo Profit- oder Herrschaftsgelüste sich ungebremst und ungelenkt austoben können, da führen sie in letzter Konsequenz zu unserer eigenen Zerstörung. Ohne einen inneren Kompass auf das Schöpferische und das Licht hin bleibt am Ende nur Dunkelheit, weil wir Menschen von uns aus offenbar so gestrickt sind, dass wir ungesteuert früher oder später in diese hineinfallen.

Das Irrationale ist Teil unseres Menschseins. Es funktioniert nicht, das Irrationale wegzudrücken. Das Ergebnis wäre nur, dass es sich ungelenkt dennoch seinen Weg sucht und uns dann mit hoher Wahrscheinlichkeit in die dunkle Seite zieht. In der Geschichte der Menschheit haben wir das doch nur zu oft erlebt und wir erleben es auch heute. Im Bereich des Irrationalen fühlen die Religionen etwas Göttliches, das dann mit dem Verstand kommunizieren muss, damit es kommunikabel wird und eine übergreifend gemeinsame Ausrichtung auf etwas Schöpferisches und Gutes dabei heraus kommen kann. Betäuben lässt sich dieses Irrationale und in ihm „Göttliche" auf Dauer nicht, weil Menschen immer in sich den „Lockruf des Heiles" oder in andern Worten ausgedrückt den „Lockruf des Göttlichen" wahrnehmen und in ihm die Sehnsucht nach Heil, Freiheit, Frieden und Glück spüren werden.

Das Irrationale kann natürlich auch auf seine dunklen, zerstörerischen, profit- und machtgierigen Seiten hin gelenkt werden. Vom Blickpunkt eines auf schöpferische und liebevolle Kräfte hin ausgerichteten Geistes bezeichnet man eine solche Ausrichtung als „irregeleitet". Alleine daran wird schon deutlich, wie unverzichtbar ein innerer Kompass ist. Dieser darf aber nicht nur von der Ratio festgelegt werden, weil diese in sich selber keine Richtungsanzeige ist, sondern für die eine oder die andere Ausrichtung Begründungen liefern kann. Je nach Ausrichtung des Geistes wird sie in der einen oder in der anderen Weise genutzt und es wird das für „logisch" erklärt, was dem eigenen Wollen entspricht. Es gibt immer für beide Wege und Ausrichtungen „logische" Gründe. Diese heben sich auch nicht zwingend gegeneinander auf. Für welchen Weg man sich letztlich entscheidet hängt daher nicht an einer plumpen Pro-/Contra-Gegenrechnung. Im Letzten hängt die eigene Entscheidung daran, welche Gewichtung man einzelnen Gründen oder Argumenten geben will! Diese Gewichtung gibt den Ausschlag. Das eigene Gewichten-Wollen wird aber wesentlich bestimmt von dem Irrationalen, das in uns ist. Wenn man zum Beispiel zerstörerischen Kräften wie Rache oder ängstlicher Abwehr folgt, dann wird man eine andere Gewichtung derselben Gründe vornehmen als wenn man liebevollen und friedfertigen Kräften folgt. Entscheidend ist also, was man tatsächlich will! Das aber wird im Letzten nicht von der Ratio bestimmt, sondern die Ratio liefert uns lediglich für das eine oder für das andere Begründungen und Rechtfertigungen. Anders ausgedrückt: Wer etwas will, findet Wege – wer etwas nicht will, findet Gründe! Das Irrationale spielt also eine zentrale Rolle dabei, welche Entscheidungen wir treffen und welche Wege wir wählen.

Es ist aber noch mehr. Der amerikanische Filmkritiker Roger Egbert hat einmal formuliert: „Ihr Intellekt mag verwirrt sein aber Ihre Emotionen lügen Sie nie an!" Mit anderen Worten ist das Irrationale sogar eine Wahrheitsquelle. Das, was wir in uns fühlen ist eine Wahrheitsaussage über uns selber. Es bestimmt auch, wie wir etwas wahrnehmen. Wenn zum Beispiel Angst das uns treibende Gefühl ist, dann werden wir um uns herum auch vorwiegend Bedrohliches wahrnehmen. Wenn Liebe und Frieden in uns vorherrschen, dann nehmen wir um uns herum Menschen und Dinge wahr, die uns Freude machen. Also ist auch das, was wir in der Welt sehen, wie ein Spiegel. Es ist eine Wahrheitsaussage über das, was wir tatsächlich in unserer Seele oder in unserer Psyche tragen. Wenn wir um uns herum nur Lügner, Betrüger oder Aufschneider sehen, dann sind wir wahrscheinlich selber Lügner, Betrüger oder Aufschneider. Schlimmer noch: Wir belügen und betrügen uns selber, weil wir anderen und uns vormachen, dass wir selber ja selbstverständlich zu den „Guten" gehören. Gerade die sogenannte „Justiz" befindet sich immer in der Versuchung, einer solchen Selbsttäuschung zu erliegen und die eigene angebliche Rechtschaffenheit zu „beweihräuchern".

Das Irrationale hat in uns also eine sehr viel größere Macht als wir selber es uns häufig zugestehen wollen. Unsere Gefühle sind echt. Sie sind eine Realität selbst wenn wir uns nur vormachen, wir würden etwas fühlen. Dann ist eben dieses „uns etwas vormachen" unsere Realität. Dieses Muster führt uns aber zwangsläufig in Parallelwelten, Wirklichkeitsverdrängung, Unverbindlichkeit und Vereinsamung. Wenn wir also nicht in diesem Muster gefangen bleiben wollen dann ist es unsere Verantwortung, dass wir uns dem stellen. Dafür müssen wir uns fragen, wofür wir es denn eigentlich brauchen. Nur wenn wir das tatsächlich dahinterstehende Benötigte und Gewollte konstruktiver organisieren, können wir solche destruktiven Muster auflösen. Das bleibt ausschließlich unsere eigene persönliche Verantwortung!

Im tiefsten Inneren spüren wir sehr wohl, was tatsächlich wahr und echt ist. Eine Zeit lang können wir eine Täuschung uns selber und anderen gegenüber vielleicht aufrecht erhalten. Irgendwann wird uns aber eine Ent-Täuschung einholen, weil wir dem Druck der Wirklichkeit auf Dauer nicht werden standhalten können – es sei denn zu dem im letzten Abschnitt genannten Preis. In einer solchen mehr oder weniger dramatisch verlaufenden Ent-Täuschung werden wir dann gezwungenermaßen nicht mehr die Augen davor verschließen können, dass wir uns selber oder anderen etwas vorgemacht haben. Wir waren einer Täuschung erlegen und diese Fassade ist nun zusammengebrochen. Manchmal zwingen uns die äußeren Umstände dazu, manchmal müssen wir dafür ernsthaft krank werden, manchmal stutzen uns andere Menschen mehr oder weniger liebevoll zurecht, manchmal kommt das auch von innen heraus und wir werden zum Beispiel depressiv oder fühlen uns ausgebrannt. „Das Gesicht verlieren" ist tatsächlich oft ein heilsamer Prozess, in dem wir lediglich eine Fassade dessen verlieren, was wir vor unserem wahren Ich aufgebaut haben oder haben aufbauen lassen. Das geschieht aber nicht einfach so, sondern es geschieht, weil wir zugelassen haben, dass es geschieht.

Es bleibt dabei, dass das Irrationale ein wesentlicher Bestandteil von uns Menschen ist. Wir fühlen, wir träumen, wir ahnen. Das ist natürlich kein Alleinstellungsmerkmal von uns Menschen. Auch Tiere haben Gefühle, eine Psyche und eine Seele. Jeder, der ein Haustier hat, weiß das. Tiere können psychische Schäden erleiden, sie können Angst haben und sie können auch traumatisiert sein. Tiere können intelligent sein, soziale Strukturen haben und sogar mit uns Menschen emotional kommunizieren. Bei Tieren haben wir aber bisher nicht beobachtet, dass sie ihre Gefühle bewerten. Wir Menschen aber tun das! Wir grübeln zum Beispiel, ob wir genug lieben; wir verurteilen uns, wenn wir uns schlecht fühlen; wir verfluchen uns, wenn wir vor Aufregung nicht schlafen können oder wenn wir Lampenfieber haben vor einem Auftrag oder einem Vortrag. Eine solche Wertung des Irrationalen scheint etwas zu sein, das es in dieser Form im Tierreich nicht gibt. Wir können zwar Gefühle im Tierreich nachweisen aber nicht – oder noch nicht – deren Wertung.

Wenn wir nun in der Lage sind, Irrationales zu werten, dann sind wir auch in der Lage, dieses zu lenken. Es stellt sich somit die Frage, woraufhin wir es lenken wollen und was wir mit den irrationalen Elementen tun sollen, auf die hin wir eben nicht lenken wollen. Ungelenkt kippen sie und aus unserer Geschichte müssen wir zugeben, dass sie wahrscheinlich ins Dunkle kippen und zerstörerische Kräfte die Oberhand gewinnen. Nehmen wir also einmal an, wir wollten unser Irrationales auf das Liebevolle, Schöpferische, Friedliche hin lenken. Damit wären aber zum Beispiel die zerstörerischen, macht- und profitgierigen oder selbstverherrlichenden Elemente unseres irrationalen Seelenlebens nicht weg. Wir würden nur so tun als ob sie weg

72

wären. Tatsächlich aber wäre das Ergebnis, dass wir uns dann in einer Art süßlich-waberndem Nebel befinden. Dieser wäre aber ebenso eine Selbstverleugnung und Selbsttäuschung wie zu meinen, man wäre nur gut oder nur schlecht. Ein einheitliches Nebelgrau lässt alle Farben verschwinden, die zu unserem Seelenspektrum dazugehören. Das Nebelgrau kann also nicht das Ziel einer solchen Lenkung sein, egal ob es nun ein süßlich-"helles" Nebelgrau sein soll oder ein brutal-"dunkles" Nebelgrau. Nebelgrau bleibt Nebelgrau! Es würde so oder so immer einen Teil unseres Innenlebens wegblenden. Die gewollte Betonung der einen Seite sollte daher nicht in der Illusion bestehen, die Existenz der anderen Seite zu verleugnen. Lange wurde dieser Fehler auch in der christlichen Tradition begangen mit der idealisierten Suche nach dem Reinen, Wahren, Schönen ... oder dem Ideal eines reinen und tugendhaften edlen Menschen. Die „hellen" wie auch die „dunklen" Seiten unseres seelischen Farbspektrums wollen wahrgenommen und wertgeschätzt werden – sonst sind wir immer auf einem Auge blind. Die jeweils nicht gewollten Seiten unseres Seelenspektrums werden sich dann dennoch ungebremst oder ungelenkt ihren Raum nehmen. Unzählige Beispiele von Bigotterie und Heuchelei bestätigen das.

Die Natur selber gibt uns hier einen hilfreichen Hinweis. Im irrationalen Teil unseres Wesens erleben wir eine Eingebundenheit in ein höheres Ganzes, ein intuitives Ahnen von etwas Höherem. Dieses intuitive Ahnen ist der Kontakt zu einer Art höherer und die Grenzen unseres Selbst übersteigender Intelligenz. In den Religionen nennen wir sie Gott oder das Göttliche. Wie auch immer wir diese höhere Intelligenz und Weisheit bezeichnen – sie ist ja dadurch gekennzeichnet, dass sie die Grenzen der individuellen Erkenntnismöglichkeit übersteigt und dass es irgendeine Art von Draht oder Verbindung gibt von ihr zu uns und von uns zu ihr.

Ähnliches beobachten wir in der Natur bei der sogenannten „Schwarmintelligenz". Diese Schwarmintelligenz übersteigt zum

Beispiel bei Ameisen oder Schwarmfischen die Intelligenz des Individuums, ist aber im Gesamt des Schwarmes eine sichtbare und nachweisbare Größe. Für den Einzelnen ist diese Schwarmintelligenz vielleicht nur greifbar indem er das Modell bestimmter und in ihrer Zahl begrenzter Bezugsindividuen nachahmt. Tatsächlich erfolgt die Orientierung im Schwarm meist nur an bis zu acht anderen Individuen. Im Gesamt des Schwarmes resultiert daraus aber ein gemeinsames und höher-intelligentes Verhalten. Ohne die Verbindung zum Schwarm bleibt jedoch das Individuum in der Begrenzung der individuellen Intelligenz gefangen und wird so zum Beispiel zum leichten Opfer für Beutegreifer. Ohne den Schwarm ist etwa eine Ameise oder eine Sardine nicht überlebensfähig.

Diesen Hinweis aus der Natur finden wir auf eine anderen Ebene auch bei Wissenschaftlern beschrieben wie Siegmund Freud oder Carl Gustav Jung. Als Psychoanalytiker sprechen sie von einer „religiösen Funktion" der Seele. Diese Funktion hat nichts zu tun mit rationaler Erklärbarkeit. Sie ist in einer Art intuitivem Ahnen eine Verbindung zu dieser höheren Intelligenz oder höheren Weisheit. Ohne diese Verbindung bleiben wir in der Begrenztheit unseres individuellen Selbst gefangen. Wir werden sozusagen zu „Fachidioten" des eigenen ausschließlich rational definierten Welt- und Erklärungszuganges, der zudem auf dem jeweils greifbaren Zeit-, Wissens- und Kulturhorizont basiert. Erst in der Verbindung zur höheren Weisheit jenseits des rational Erfassbaren überschreiten wir die eigene Grenze. Gerade die Beobachtung der Schwarmintelligenz in der Natur lehrt uns hier, dass die gemeinsame Ausrichtung und die Verknüpfung in einem „Schwarm" den Zugang zu dieser höheren Weisheit sowie das konkrete Handeln aus dieser höheren Weisheit heraus ermöglichen.

Ein weiteres Beispiel ist unser Körper. Er besteht aus Milliarden einzelner Zellen. Für sich genommen sind die einzelnen Zellen nicht intelligent. Gemeinsam bilden sie aber im menschlichen

Körper eine intelligente Wesenheit. Dahinter steht ein höherer Plan dessen, was ein Mensch ist und sein soll. Diesen Plan kann die einzelne Zelle nicht intelligent begreifen. Sie ist aber in ihrem inneren Wesen mit diesem höheren Plan verbunden, weiß ihren Ort und bringt so mit Milliarden anderer Zellen dieses Wesen Mensch zum Ausdruck und in Gestalt. In der DNA der einzelnen Zellen ist also eine „höhere" Verbindung eingeschrieben, welche die einzelne Zelle übersteigt und erst im Gesamt mit anderen Zellen zu sich selber kommt.

Die im irrationalen Wesensteil des Menschen verankerte „religiöse Funktion" der Seele kann also erst in einem „Schwarm" ihre sichtbare Gestalt und ihre Wirksamkeit entfalten. Sie repräsentiert die innere Verbindung und intuitive Ahnung einer höheren Weisheit, die dem Einzelnen für sich alleine verborgen bleibt. In diesem Sinne sind Religionsgemeinschaften solche „Schwärme", die im gemeinsamen Durchdringen, Erleben und Handeln der Verbindung zur höheren Weisheit des Göttlichen Gestalt und Wirksamkeit geben. Ohne die Eingebundenheit in solche „Schwärme" bleiben wir letztlich in unserer individuellen Begrenztheit gefangen. Der Zugang zur höheren Weisheit ist uns daher auch nur begrenzt möglich. Ohne diese Verbindung zu einer Intelligenz und Weisheit, die unsere individuellen und rationalen Erkenntnismöglichkeiten übersteigt, bleiben wir letztlich auch in der Opportunität des Machbaren, weil unser Verstand nicht in der Lage wäre, sich über die Grenzen des rational Erklärbaren hinaus zu erheben.

Ein innerer Kompass für unser Irrationales muss daher das Rationale, das Irrationale und ebenso die Verbindung zu dieser höheren Weisheit in sich aufnehmen und so eine übergreifend-gemeinsame Plausibilität und Ausrichtung ermöglichen. Ein Ansatz dafür ist die Hoffnung auf Heil oder „Der Lockruf des Heiles". Jeder Mensch hat ihn, jedoch stellen sich Menschen Verschiedenes darunter vor und versuchen dies auf unterschiedlichen Wegen zu erreichen. Der innerste Kern einer solchen Heilshoffnung ist aber immer gleich. Jeder sucht so etwas wie Befriedung eines inneren Aufruhrs, wie Geborgenheit im kleineren oder größeren Ganzen, wie Anerkennung und menschliche Nähe, wie ein Glück, in das er sich einfach hineinfallen lassen kann, wie das Bewusstsein einer Wirksamkeit. Mit Letzterem ist gemeint, dass der Einzelne in und mit seinem konkreten Leben etwas „bewirken" kann, was darin seinem Leben auch eine Sinnstruktur verleiht. Jeder möchte auch etwas stolz auf sich sein dürfen. Das alles ist bei jedem Menschen gleich.

Doch wenn man etwas bewirken will, muss ja auch das Woraufhin einer solchen Wirksamkeit klar sein. Sonst gibt es eben keine zielgerichtete Wirksamkeit und keine über ein stumpfes Dahinvegetieren hinausreichende Sinnfüllung. Es ist der individuell gespürte „Lockruf des Heiles", dem wir in unserer Wirksamkeit zu folgen versuchen. Das, was wir in unserem Leben umzusetzen probieren, ist also ein Teil dieses Lockrufs. Doch die Jagd nach gefühltem Glück kann selber ins Unglück führen, wenn wir nur den schönen, fröhlichen, gesunden, starken Ausschnitt des Lebens für wertvoll halten. Wir fühlen uns dann zum Beispiel schlecht, wenn oder sobald die andere Seite des Lebens aufscheint, wenn das Kranke, das Unglückliche, das Depressive, das Schwache in unserem Leben Platz greift.

Ein wirklich hilfreicher Kompass für unser Innenleben kann aber nur darin bestehen, unser gesamtes Lebensspektrum zu umfassen und es in einer innersten Heilshoffnung zum Ausdruck zu bringen. Ein wirklich hilfreiches Bild oder eine Vision dieser innersten Heilshoffnung darf uns nicht dazu zwingen, die eine oder die andere Seite unseres konkreten Lebens zu verleugnen. Erst wenn eine solche Vision über unser eigenes Leben hinausreicht erschöpft sie sich nicht im Hier und Jetzt. Sie bietet uns einen über uns hinaus weisenden Weg an so dass wir nicht den Engen und Dunkelheiten der eigenen Existenz ausgeliefert bleiben. Damit sind wir im Bereich einer Seelensprache, die nicht durch Zahlen, Fakten oder Logik dargestellt werden kann.

Wenn wir vom Kern der innersten Heilshoffnung sprechen, die in uns als „Lockruf des Heiles" spürbar ist, dann befinden wir uns im ureigensten Kernbereich der Religionen. Diese pfropfen niemandem etwas Fremdes und Äußeres auf, sondern sie bringen lediglich das zum Ausdruck, was ohnehin in der Seele jedes Menschen angelegt ist. Jemand, der weltliche Zugänge bevorzugt oder sich ohne Religion versteht, ist deshalb nicht „defizitär"! Aber das Folgen einer solchen übergreifenden Vision kann auch ihm Orientierung und Hilfe anbieten.

Die Religionen bieten eine solche Erfüllungshoffnung auf unsere innersten „Heil"-Wünsche an. Dazu entwickeln sie verschiedene Bilder, Visionen und Wegbeschreibungen, wie ein solches Heil erlebt, erahnt und erreicht werden kann. Jeder sollte für sich selber frei entscheiden können, welche Wege er für sich selber als stimmig fühlt. Das hängt sehr oft ab von der Prägung und von den Erfahrungen der eigenen Lebensbiografie. Es kann auch sein, dass der eine oder der andere seinen Weg zeitweise oder dauerhaft ändern muss. Häufig spürt er aber dann später, dass ihm doch etwas fehlt und was er von seinem früheren Weg vermisst. Dennoch kann nur in freier Entscheidung eine gemeinsame Ausrichtung des inneren Seelenlebens erfolgen. Nur so kann sich eine übergreifend-gemeinsame Strömung eines „heiligen" Geistes entwickeln.

Das, was Menschen in einer gemeinsamen Heilshoffnung verbindet, ist heilig. Das, was in Menschen ein freudiges Ahnen sowie ein schöpferisches Fühlen und Tun hervorbringt, ist heilig. Eine Religion dagegen, welche zerstörerische und dunkle Seiten in den Fokus stellt wie zum Beispiel irgendwelche Satans- oder Dämonenkulte kann niemals „heilig" sein, weil hier das innere und äußere Austoben der zerstörerischen Seiten letztlich nur auf Kosten von anderen ablaufen oder in der eigenen Selbstzerstörung enden kann. Die innere Dynamik solcher Religionen und Kulte zeigt in die Dunkelheit. Das „Heilige" der einzelnen Religionen hat aber die Kernaufgabe, Menschen zu einer gemeinsamen Strömung eines heilbringenden „heiligen" Geistes zusammenzuführen. Daran müssen sie sich aber auch messen lassen, denn ansonsten sind sie nicht als übergreifend gemeinsamer Kompass für unser rational-irrationales Innenleben geeignet.

Halten wir also fest, dass das Irrationale untrennbar zum Wesen des Menschen dazu gehört und dass wir Menschen die Fähigkeit entwickelt haben, dieses Irrationale zu werten, zu sortieren und zu lenken. Beides gehört zur Natur des Menschen dazu. Wir sind weder nur biochemische Computer und Maschinen, noch schweben wir völlig losgelöst von der Natur in irgendwelchen himmlischen Sphären. Das Irrationale trägt in sich selber ein Element, das über die Begrenztheit des eigenen Selbst hinaus reicht. Jeder muss für sich selber beantworten, ob ihm ein „vor sich hin vegetieren und funktionieren" ausreicht oder ob es auch in ihm eine innere Seelenstimme gibt, die ihm sagt, dass da mehr sein muss und dass es da irgendeine Art Lockruf dorthin gibt. Wenn sich dieser „Lockruf des Heiles" in einer Religion formiert und materialisiert, dann muss diese Religion auch auf den Punkt bringen können, worin denn ihr eigentlicher zum Heil hinführender „heiliger" Wesenskern besteht. Dann kann sie in freiem Angebot Menschen zusammenführen und Hoffnung Wirklichkeit werden lassen, denn sie beschreibt einen Urgrund, der ausnahmslos in jedem Menschen angelegt ist.

V. Was uns Menschen ausmacht

In Bezugnahme auf das Wesen und die Natur des Menschen pflegen wir „gute" und „schlechte" Eigenschaften zu unterscheiden sowie daraus Maßstäbe für sittliches oder unsittliches Handeln zu definieren. Was ist aber tatsächlich „die Natur" des Menschen und seine von der Natur her gewollte Existenzweise? Was sollten wir anstreben um unsere „Natur" zu sich selbst zu bringen, ihr Ausdruck und Gestalt zu geben?

Für uns Christen wie auch für andere Religionen ist die Natur Ausdruck und Ausfluss eines göttlichen Schöpfungswillens. Wieso und woher maßen wir uns dann aber eigentlich an, wir könnten „die Natur verbessern" indem wir zum Beispiel mittels Bio- oder Gen-Technik Leid minimieren oder gar eliminieren wollen? Dahinter steht doch letztlich die Überheblichkeit, dass wir das Gesamt der Natur, der Welt und des Lebens nur in einem Teilaspekt für wertvoll erklären. Das steht uns aber nicht zu weil wir selber ja ebenso ein Teil der Natur sind, welche wir noch nicht einmal völlig verstehen. Wer definiert denn die Kriterien, woraufhin Veränderung erwirkt werden soll? Machen wir uns doch nichts vor: Dies wird immer von dem jeweiligen Machthaber definiert – sei dieser nun eine Mehrheit, die stets durch Populismus, Ideologien und Propaganda gelenkt werden kann, sei dieser eine Einzelperson, die sich als gottgleicher Diktator aufspielt, oder seien es sogenannte „autokratische" Systeme, die nur zu oft Religion oder Scheindemokratie als Alibifähnchen vor sich hertragen und ein Leben ohne Leid versprechen.

Die Wahrheit ist aber: Ohne die „Übel", von denen diese alle uns zu „erlösen" versprechen, gäbe es kein Mitempfinden, kein Mitleid, keinen Mut, keinen Heroismus, keine Solidarität, keine Charakterstärke ... Ein Mensch, dem Leid und Tod nie existentiell begegnet sind und ihn erschüttert haben, lebt ist einem süßlich emotionslosen Nebel vor sich hin, weil er die Tiefe und die Spannbreite von Emotionen nie am eigenen Leib erfahren hat. Die Fähigkeit, die ganze Bandbreite von Empfindungen nicht nur emphatisch zu verstehen sondern auch empfinden zu können macht uns Menschen aus und verbindet uns potentiell mit unseren Mitmenschen, den Lebenden wie den Toten. Ohne dieses innere Empfindungsspektrum wären wir uns gegenseitig schlicht egal, es sei denn, wir betrachten den oder die andere lediglich als Objekte zur Befriedigung unserer eigenen Bedürfnisse und Triebe. Unser gesamtes Empfindungsspektrum gehört zu unserem Wesen sowie unserer sozialen Verfasstheit dazu.

Wer wir Menschen aber nun eigentlich sind hat uns seit Beginn der eigenen Lebensgeschichte bewegt sowie entsprechend seit dem Erwachen von Denken und Bewusstsein in unserer Menschheitsgeschichte. Gerade diese Entsprechung von individueller und gemeinsamer Geschichte zeigt uns viele Antworten und heilsame Perspektiven für uns als Menschheit, in unseren Gesellschaften sowie innerhalb und zwischen den einzelnen Religionen.

Wenn wir bei unserer Geburt als Mensch diese Erde betreten formt sich unser Ich nicht nur in der Erfahrung von Versorgtsein und Liebe sondern in unserer sozialen Verwobenheit ebenso auch durch Abgrenzung. Wir grenzen unser Ich ab von einem Du. Wir behaupten uns gegenüber „den anderen". Das sind die Geschwister, die Eltern, die „anderen" in Kindergarten, Schule ... Doch gleichzeitig lernen wir im positiven Fall, dass „die anderen" ja gar keine Bedrohung sein müssen. Es macht Spaß mit ihnen zu spielen, wir können Dank empfinden etwas geschenkt zu bekommen oder Freude haben etwas zu schenken, wir können uns im Gefühl eines „Wir" aufgehoben und geborgen fühlen ohne dass dabei unser Ich bedroht wäre. Natürlich ist das ein Lernprozess, in dem alle natürlichen Regungen wie Existenzängste („Es gibt mich", „Ich lebe"), wie Rivalitäten („Es gibt mich", „Ich will auch gesehen und geliebt werden") und Besitzansprüche („Das ist Meines und das ist Deines", „Ich will dieses oder jenes haben") sich vom Beginn unseres Lebens bis an unser Ende immer wieder ausprobieren und eine Balance finden müssen. Dies geht von den spielerischen Plänkeleien der Kindertage manchmal bis hin zu bösen und verbitterten Streitereien unter Erwachsenen. Doch keiner von uns lebt auf einer Insel! Niemand kann sich alleine entwickeln und wachsen. Das geschieht immer nur mit und in Beziehung zu anderen.

Dieses Spiel gegenseitiger Abhängigkeiten und Freiheiten bleibt dabei bis zum Ende unseres Lebens immer eine Grunddynamik unserer seelisch-psychischen Verfasstheit. In diesem dynamischen Spiel sind Grenzziehungen ein notwendiger Bestandteil. Diese Grenzziehungen sind aber ebenso dynamische Größen. Sie sind erweiterbar und veränderbar, wenn auch nicht beliebig. Sobald aber Grenzen in sich selber als unhinterfragbar dogmatisiert werden gibt es keine Entwicklung mehr und sie sind keine Hilfen sondern Bremsen, die schlimmstenfalls zu alles vernichtenden Rivalitäts- und Macht-Kämpfen führen. Dennoch sind Grenzen wichtig. Sobald sie aber zu festen Mauern erstarren muss man sie daher auf ihren eigentlichen Errichtungsgrund hinterfragen. Dies meint sich zu fragen, was diese Mauern eigentlich schützen sollen und ob dieses Zu-Schützende nicht auch mit anderen oder durchlässigeren Grenzziehungen geschützt werden kann. Solche durchlässigen Grenzziehungen ermöglichen erst Berührungspunkte mit „den anderen" und somit auch Konfliktlösungen auf einer konstruktiveren Ebene als einem gegenseitigen Macht- oder Vernichtungs-Kampf. Deshalb ist gerade der korrekturoffene Blick auf eigene erstarrte Mauern eine enorm hilfreiche Chance, wirklich zueinander zu kommen und zusammen weiter zu kommen.

In unserer Menschheitsgeschichte war das Bewusstsein von Ich, Du und Wir zunächst eingebunden in ein mythisches Wissen und Fühlen von Werden und Vergehen, in einen Kreislauf von Leben und Tod, von Freude und Trauer, von Einzelperson und Familie ... Das gemeinsame Bewusstsein einer Eingebundenheit all dessen in ein zwar unverstehbares aber dennoch gemeinsam akzeptiertes größeres Ganzes wurde individuell-spirituell gesucht und erlebt sowie im gemeinsamen kultischen Fühlen und Handeln zum Ausdruck gebracht. Es entstanden Rituale, Mythen und Götterwelten, die ein gemeinsames Fühlen, Hoffen, Empfinden und Ahnen sichtbar und greifbar machten. Dadurch verbanden sie auch ganz unterschiedliche Menschen und Menschengruppen miteinander und halfen, gemeinsam einen Weg durch dieses Leben zu finden und zu bewältigen. Alles Fragen, Wollen und Fühlen war in dieser kultisch-religiösen Sphäre aufgehoben und begründete von dorther Gemeinschaft und gemeinsame (Über-)Lebensfähigkeit.

Dann aber begann sich dieses kultisch-religiöse Eingebundenwissen vom Fragen- und Begreifen-Wollen zu trennen. Etwa ab dem siebten Jahrhundert vor Christus entwickelte sich eine profan-verstandesorientierte „Wissenschaft". Beobachten, Erfahren und logisches Herleiten wurden zur Basis des Erkennens, mit dem Philosophie und Wissenschaft jenseits der Religion auf ihre Weise versuchten, den Menschen und die Welt zu begreifen. Dabei versuchte man bis in die Neuzeit hinein, das Verständnis dessen, wer oder was wir Menschen eigentlich sind, unter anderem durch Abgrenzung zur Tierwelt zu verstehen. Jedoch wissen wir heute, dass viele der früher als wesentlich verstandenen Abgrenzungen so nicht stimmen und es häufig höchstens graduelle Abstufungen gibt. Fähigkeiten und Merkmale, die wir früher nur uns Menschen zugeschrieben haben, beobachten wir zunehmend auch in der Tierwelt. Tiere haben Gefühle, Tiere können strategisch denken, Tiere zeigen erstaunliche Intelligenzleistungen sowie individuelle und soziale Veränderungspotentiale. Je nachdem wie man Kultur und Zivilisation definiert, haben Tiere sogar diese wenn sie zum Beispiel durch Erziehung Informationen und Verhaltensmuster weitergeben oder in einer Gruppe bestimmte Regeln einhalten. Sind wir Menschen also nur bessere und weiter entwickelte Tiere? Was hieße das denn für die daraus abgeleiteten Rechte von Menschen und von Tieren? Irgendwie scheint nicht nur religiös fühlenden Menschen, dass irgendwas an dieser Sichtweise nicht vollständig oder stimmig ist.

Von einem anderen profan-wissenschaftlichen Blick her gedacht haben Humanbiologie (also der Blick auf die Natur speziell des Menschen), Physik, Chemie,… sich ebenfalls daran versucht, den eigentlichen Wesenskern des Menschen zu beschreiben. Sie bringen zum Beispiel seelisch-emotional-psychische Zustände in Zusammenhang mit biochemischen Vorgängen im Gehirn. Tatsächlich eröffnen uns etwa Erkenntnisse über die Funktionsweise von Botenstoffen und Hormonen enorme Möglichkeiten, Menschen zu helfen. Unser Wissen über den Menschen hat sich erweitert. Zum einen können diese profanen Wissenschaften aber oft nicht erklären, was Ursache und was Wirkung ist – zum anderen beschreiben sie zwar Vorgänge jedoch nicht das innere Warum und Woraufhin dieser Vorgänge. Eine nur auf das äußere Wie der Vorgänge beschränkte Sicht des Menschen macht uns im Ergebnis zu einer Art Computer, den man in der einen oder in der anderen Weise steuern kann über Psychopharmaka oder den man programmieren kann über Gene und DNA. Nicht beantwortet bleibt die Frage der Sinnhaftigkeit und eines Woraufhin dieses Steuerns und Programmierens. Sind wir Menschen nur so eine Art Bio-Supercomputer oder ist da noch irgendetwas anderes mehr? Nicht nur in religiös fühlenden Menschen sondern auch in profan-weltlich denkenden Menschen regt sich da ein deutlicher Widerstand.

Auf diesem Hintergrund gibt es unter Philosophen einen weiteren Ansatz zur Erklärung dessen, was uns Menschen ausmacht. Letztlich ist dieser Ansatz eine Renaissance des alten Naturrechtsgedankens. Von orthodox profan denkenden reinen Materialisten und ausschließlich Verstand-basierten „Wissenschaftlern" wird jedoch dieser Ansatz nach wie vor heftigst abgelehnt und bekämpft. Moderne Naturrechtsphilosophen führen jedenfalls in ihrer Beschreibung des menschlichen Wesenskernes einen sogenannten „Faktor X" ein (Fukuyama, S. 210 ff.). Dieser Faktor X meint ein Etwas, das jenseits aller nur graduell mehr oder weniger unterschiedlichen Fähigkeiten und Merkmale, jenseits aller physischen und biochemischen Vorgänge sowie jenseits ihrer Verwobenheiten mit der Weise unserer Existenz nicht nur das eigentliche Wesen von uns Menschen beschreibt sondern in diesem Faktor X auch eine stabil jedem menschlichen Individuum gleich innewohnende Würde und Unantastbarkeit begründet.

„Begegnungen, 2024 Teil 1"

Allerdings können weder Wissenschaft noch Philosophie diesen Faktor X wirklich inhaltlich beschreiben. Die Faktor-X-Philosophen gehen aber davon aus, dass ein solcher stabiler innerster Wesenskern des Menschen existieren muss! Ohne ihn müsste man zumindest in graduellen Abstufungen Tieren die gleichen Rechte zuordnen wie uns selber. Ohne ihn würden Menschen nach unterschiedlichen Merkmalen und Fähigkeiten jeweils in ihrer Würde und in den ihnen zustehenden Rechten definiert (zum Beispiel Sklaverei, Rechte von Frauen, Rechte von Indigenen,...) und es gäbe keine begründbare Einschränkung mehr, Menschen zum Beispiel durch Gentechnik beliebig zu züchten, zu verändern oder gar zu hybridisieren also etwa Mensch-Tier-Kombinationen zu schaffen, damit diese Kreaturen dann als „Menschen" unter Wasser leben können.

Hier wird aber der allergrößte Teil der Menschen von ganz alleine fühlen, dass dies so irgendwie nicht richtig sein kann. Wir Menschen wären dann nur noch blosses Objekt wissenschaftlicher Allmachtsfantasien oder eines gesellschaftlichen „Verbesserungs"-Wahnes, der letztlich all diejenigen abwertet, die nicht der jeweils gesellschaftlich erwünschten Norm entsprechen. Wer und mit welcher Berechtigung sollte eine solche Norm auch definieren? Selbst Mehrheitsdemokratien waren nie ein Garant für sittliche Entscheidungen, welche zum Beispiel die Unantastbarkeit des Einzelnen schützen. Die Geschichte des Sklavenhandels oder die Unterstützung von Diktatoren durch Demokratien solange es deren eigenen wirtschaftlichen, geopolitischen oder geostrategischen Interessen entspricht sind dafür bis heute beredte und aktuelle Beispiele.

Wir haben also keine andere Wahl als entweder von einem solchen Faktor X als stabilem innerem Wesenskern des Menschen auszugehen oder uns in letzter Konsequenz total einem Nützlichkeitsprinzip zu unterwerfen. Dieses wird aber von einem Machthaber festgelegt, egal ob dieser ein Diktator ist, ein „autokratisches" Regime oder eine Mehrheitsdemokratie. Die Unantastbarkeit des Einzelnen spielt dann ohne diesen Faktor X keine oder nur mehr eine untergeordnete Rolle. Sie wird letztlich immer der Nützlichkeit für den Machthaber geopfert werden. So ist die Annahme eines solchen Faktors X zwar nur ein Rückschluss oder eine Forderung – sie ist aber immerhin eine vernünftige Forderung. Sie schützt uns vor einer Entmenschlichung, deren entsetzliche Folgen doch gerade wir Deutschen mit der Erinnerung an unsere Geschichte deutlich vor Augen haben müssten.

Trotz und mit diesem angenommenen Faktor X gehört aber ebenso zur Redlichkeit das Eingeständnis, dass wir verführbar bleiben. Abermillionen von Menschen haben sich verführen lassen von Doktrinen, Ideologien und Diktatoren, die ihnen ein Heil ohne religiösen Wertebezug versprachen. Sie waren bereit, dafür sogar Grundsätze aufzugeben, die ihnen bis dahin selbstverständlich waren. Nach dem Ende des Nationalsozialismus und später dem Zerfall der kommunistischen Gewaltherrschaft wurden diese Werte und ihr religiöser Wertebezug häufig wieder neu entdeckt. Und dennoch bleiben wir für Populismus und Ideologien anfällig.

Was könnte aber nun dieser Faktor X sein, der uns Menschen tatsächlich erst zu Menschen macht und unsere Unantastbarkeit garantiert? Wie bereits dargelegt sind Verstand und Vernunft nicht das Gleiche. Etwas kann logisch sein und es ist dennoch nicht vernünftig. Das bedeutet, dass sich in der Vernunft etwas äußert, was über den Verstand hinaus geht. Wir fühlen in uns, ob etwas „vernünftig" ist oder nicht. Ideologien haben uns zum Beispiel weismachen wollen, dass es logisch und richtig sei, unproduktives Leben auszulöschen. Dennoch haben Menschen gespürt, dass das nicht vernünftig sein kann. Zumindest diejenigen Menschen haben das gespürt, die sich nicht von dieser profanen Ideologie haben blenden lassen, die sich ein eigenes Gespür für Recht und Unrecht bewahrt haben, die ihr eigenes Denken und Fühlen eben nicht haben gleich- und damit ausschalten lassen. Im Fühlen-Teil unserer Vernunft scheint also ein wesentliches Element dieses Faktors X zu liegen, der uns Menschen ausmacht und der uns Menschlichkeit verleiht.

Das Rationale und das Irrationale sind miteinander verwobene Bestandteile unseres Menschseins. Doch innerhalb dieses Irrationalen gibt es etwas Besonderes, das mehr ist als einfach nur unsere Gefühle von Glück, Angst, Freude oder Trauer. Es ist eine Art inneres Hoffen, Ahnen und Angezogenwerden von etwas Unbegreifbaren, das aber trotzdem ganz real spürbar ist. Es gibt spürbare Momente des Friedens und der Harmonie, in denen wir uns ganz eins wissen mit dem Kosmos, der Welt in uns und der Welt um uns herum. Es gibt Augenblicke, in denen wir ganz genau wissen, was zu sagen oder zu tun ist, ob eine Liebe echt ist oder nicht, ob wir selber einer Täuschung erlegen oder ob wir auf dem richtigen Pfad sind.

Genau diese innere Stimme haben religiös fühlende Menschen immer schon als einen Lockruf, als ein „Wort" oder als eine Erleuchtung begriffen, die ihren Ursprung im Göttlichen hat. Sie ist das, was Meister Eckhart als „Seelenfunken" beschrieben hat. Der in unserem Irrationalen innewohnende Teil, der über uns hinaus weist, ist also ein drittes Element, welches den Wesenskern des Menschen beschreibt. Wir wissen nicht, was Wölfe fühlen, wenn sie den Mond anheulen. Wir wissen aber, dass wir Menschen die einzigen sind, die einem mythischen Fühlen, Ahnen und Eingebundenwissen religiöse Gestalt und Ausdruck geben. Religiöse Symbole und Rituale kennen wir im Tierreich nicht. Spätestens mit den ersten uns bekannten rituell-kultischen Bestattungen vor ca. 100.000 Jahren sind sie aber bei uns Menschen belegt auch wenn die religiös-mythischen Vorstellungen noch andere waren als heute.

Somit nähern wir uns einer Beschreibung dessen, was dieser Faktor X eigentlich ist, der uns Menschen in unserem innersten Wesenskern ausmacht. Es ist letztlich eine in sich verwobene

Dreiheit von Verstand, der auf weltlicher Logik basiert, von Vernunft, welche den Verstand durch unser Fühlen korrigiert, und von Religiosität, welche in diesem Fühlen eine innerste Seelenstimme wahrnimmt, die über uns Menschen hinauszeigt, die uns von einem Licht angezogen weiß und dorthin strebt. Religiosität ist dabei in einem übergreifenderen Sinn weiter gemeint als „nur" ihre Ausprägung in einer bestimmten Religion. Sie ist ein wesentlicher Bestandteil des irrationalen innersten Wesenskernes von uns Menschen.

Napoleon wird der Spruch zugesagt: „Warum gibt es die Sterne, wenn wir nicht nach ihnen greifen?" Damit meinte er keine physikalischen Größen. Es sind die über uns hinaus reichenden Visionen, Ahnungen und Träume, die uns Menschen ausmachen. Ohne sie würden wir uns immer nur in der „vernünftigen" Opportunität des Machbaren bewegen. Wir würden heute noch auf den Bäumen sitzen oder wie Paviane in der Savanne umherstreifen.

Verstand, Vernunft und Religiosität sind also eine dynamische Dreiheit, die sich gegenseitig braucht, korrigiert und in Bewegung hält. Wenn eine dieser drei Erkenntnis- und Weltzugänge die anderen dämonisiert und sich selber als allein gültige Welterklärung setzt dann gerät unser innerster Wesenskern außer Balance. Verstand ohne Vernunft und Religiosität führt in eine rechnerische und menschenverachtende Welt, in welcher der Einzelne nur als Nummer existiert. Vernunft ohne Verstand und Religiosität führt in eine lieblose und stumpfe Welt, in der es keine wirkliche Weiterentwicklung gibt, weil wir immer in den „vernünftigen" Grenzen des Machbaren bleiben. Religiosität ohne Verstand und Vernunft führt in einen nicht mehr hinterfragbaren religiösen Totalitarismus, in dem einige wenige für sich den ausschließlichen Anspruch erheben, dass nur sie wissen, was der Wille des Göttlichen sei, dem sich dann alle ohne Gegenrede unterwerfen müssen. Die Äußerung des Göttlichen im Seelenkern des Einzelnen spielt dann gar keine Rolle mehr. Auch können seitens der religiös Machthabenden beliebig selbst noch so dunkle und zerstörerische Kräfte verehrt und auf einen Thron gesetzt werden. Es können auch ganz beliebig lokale Bräuche, Sitten oder – je nachdem, aus welcher Perspektive man sie bewertet – „Rückständigkeiten" als „von Gott kommend" propagiert werden. Damit sind sie unhinterfragbar festgeschrieben und es gibt auf diese bezogen keine Diskussion oder Weiterentwicklung mehr. Religion wird dann zum Totschlagargument und zur Entwicklungsbremse, was ja teils bis heute in oft genug tragischer Weise geschieht. Meine aus Anatolien stammende Friseurin hat mir oft erzählt, wie sehr sie in ihrer Kindheit darunter gelitten hat, dass sie bei allem, was sie als Mädchen nicht durfte, schlicht zu hören bekam: „Steht so im Koran!"

Verstand, Vernunft und Religiosität brauchen sich also gegenseitig und machen in dieser dynamischen Dreiheit den eigentlichen Wesenskern von uns Menschen aus. Alle Setzungen, die wir Menschen in unseren verschiedenen Entwicklungslinien gemacht haben, müssen darum auch in dieser Dreiheit von Verstand, Vernunft und Religiosität hinterfragt werden und sich gegenseitig voreinander verantworten. Die immer zu stellenden Grundfragen sind: Ist etwas logisch und begründbar? Fühlt es sich richtig und vernünftig an? Ist es eine Bewegung auf eine Heilshoffnung hin, die über uns hinaus weist?

Ein altes Wissen der Menschheit, welches zum Beispiel im sogenannten „Alten Testament" auch Einzug in unsere heiligen Schriften gehalten hat, heißt: „Alle Flüsse fließen ins Meer" (Koh 1,7). Flüsse können sehr verschieden sein. Sie können ganz verschiedene Landschaften prägen und durch sie fließen. Sie können reißende Ströme sein oder sanft vor sich dahinplätschern. Sie können Seen speisen oder ganze Felsen und Gebirge sprengen. Im Letzten ist ihr eigentliches Wesen Wasser und damit Leben. Im letzten fließen sie alle irgendwann in ihren gemeinsamen Urgrund, das Meer. In diesem Beispiel der Natur zeigen sich wichtige Perspektiven dafür, wie es jetzt mit uns weiter gehen kann und was jetzt unsere Aufgabe ist.

Wenn man die verschiedenen Lebensflüsse eben von ihrem innersten Wesenskerns her begreift und wertschätzt, dann gestatten wir anderen und damit auch uns selber, zu diesem Urgrund zu fließen, aus dem wir alle stammen und in den wir alle wieder hineinfließen wollen. Von Menschen gemachte Mauern, Staudämme und Umleitungen richten da oft mehr Schaden an, als dass sie uns helfen. Die Natur beschreibt uns hier einen wertvollen inneren Pfad des Lebens, dem wir ganz simpel folgen können und der uns tatsächlich zusammenkommen lässt, der uns zusammen weiterbringt und der uns als Menschheit gemeinsam überleben lassen kann.

Wahrheitsfindung ist eben niemals nur ein rein rationales Geschehen, denn „objektive" Wahrheiten gibt es nur in gedanklich definierten Welten wie der Mathematik. Wahrheitsfindung geschieht in der beschriebenen Dreiheit von Verstand, Vernunft und Religiosität. Ein tiefes inneres Spüren von Wahrhaftigkeit gehört ebenso dazu wie ein Bewusstsein für das Machbare, ein Fühlen des Richtigen und eine reproduzierbare Erklärbarkeit des zu Machenden. Dies darf sich nicht unhinterfragbar in der eigenen religiösen oder weltanschaulichen Binnensphäre einigeln. Wahrheitsfindung ist immer ein gemeinsam-individuell-verwobener Prozess. Wir müssen lernen, übergreifend alle Flüsse des Lebens und der Religionen von ihrem eigentlichen Wesenskern her zu verstehen. Dann verstehen wir sie richtig. Dann trennen sie uns gar nicht voneinander, so verschieden sie im Einzelnen auch scheinen mögen. Das Wesen all dieser Flüsse ist Leben und Bewegung. Sie alle führen in unseren gemeinsamen Urgrund des Göttlichen hinein, wenn wir sie nicht selbstherrlich blockieren oder umleiten.

Deshalb muss es stets eine Wertschätzung für individuelle Wahrheiten und Lebensflüsse geben. Allerdings müssen diese sich auch in ein gemeinsames Ganzes einbinden lassen können weil niemand für sich allein auf einer Insel lebt. Ohne eine Zugehörigkeit zu anderen, ohne eine gemeinsame innere Richtung, die uns mit anderen in einer gemeinsamen Strömung des Geistes verbindet, wären wir als einzelnes Individuum nicht mehr als ein Staubkörnchen, das zwangsläufig irgendwann von seiner eigenen Bedeutungslosigkeit überwältigt wird, weil in uns vor mindestens 100.000 Jahren ein Bewusstsein unserer selbst erwacht ist. In diesem Bewusstsein wissen und fühlen wir, dass wir eben nicht nur ein solches Staubkörnchen sind. Es gibt einen inneren Lockruf in uns, der über unsere kleine Welt hinaus reicht und uns dorthin zieht. Es gibt in uns allen eine Sehnsucht nach Heil. Es gibt Träume, Visionen und Ahnungen, wie dieses Heil aussehen könnte oder zumindest, wohin es uns zieht. Diese Sehnsucht hat uns immer wieder über alle Grenzen des „Vernünftigen" hinaus aufbrechen lassen. Das hat uns immer wieder in Bewegung gesetzt. Im Kern macht dies uns Menschen in all unserer Verschiedenheit aus.

Doch kann diese Verschiedenheit von uns Menschen auch zur Entwicklungsbremse werden wenn aus ihr heraus ideologische Mauern abgeleitet werden. So hat man lange versucht, Menschen in verschiedene Rassen zu unterteilen und diese dann hinsichtlich ihrer Würde und hinsichtlich der ihnen zustehenden Rechte unterschiedlich zu bewerten. Als Definition einer Rasse hat man verstanden die „Gesamtheit von Individuen, die eine gemeinsame Herkunft haben und daher im Hinblick auf die biologisch vererbten Merkmale eine gewisse genetische Ähnlichkeit bewahren" (Cavalli-Sforza, „Verschieden und doch gleich – ein Genetiker entzieht dem Rassismus die Grundlage"). Das aber würde bedeuten, dass man im Gesamt der Gattung Mensch Tausende verschiedene Rassen definieren müsste. Selbst innerhalb verschiedenen Völker und Nationen gilt dies, da sie alle durch Migrationsbewegungen zusammen gekommen sind, sich vermischt haben, eine gemeinsame Identität entwickelt haben und sich durch weitere Migrationen weiter verändern und entwickeln. Man müsste also zunächst einmal definieren, ab welcher Abweichung eine eigene Rasse definiert werden kann. Eine sich daraus ergebende Aufteilung in Tausende verschiedener Rassen funktioniert nicht, weil es zum einen keine „reine" Rasse geben kann (wir haben uns ja alle durch Vermischungen entwickelt, was man genetisch nachweisen kann) und weil zum anderen gerade die Genetik zweifelsfrei nachgewiesen hat, dass alle Menschen einen gleichen Ursprung haben, der wohl am ostafrikanischen Grabenbruch liegt. Außerdem ist es gerade eine genetische Vielfalt oder auch Diversität, die ein wichtiges Überlebenskriterium der Natur darstellt. Ohne sie gäbe es nur Inzucht, die irgendwann in sich zusammenfällt und abstirbt. Jeder Tierzüchter weiß das. Genetische Verschiedenheit ist also zum Überleben notwendig. Vermischungen sind keine Gefahr, sondern Überlebenschance und langfristig sogar Überlebensvoraussetzung.

Diese Erkenntnisse aus der Genetik sowie der stabile innere Wesenskern des Menschen in der dynamischen Balance von Verstand, Vernunft und Religiosität helfen uns weiter. Sie eröffnen uns einen „heiligen" inneren Pfad für die Fragen dieser Zeit.

VI. Die Dynamik der Liebe
als heiliger Raum

Es gibt die Annahme, dass die Natur in irgendeiner Weise Ausdruck eines göttlichen Schöpfungswillens ist. Mit dieser Annahme müssen wir dann aber redlicherweise auch die gesamte Schöpfung als Ausdruck des Göttlichen verstehen und wertschätzen statt uns nur einzelne Beispiele aus der Natur herauszupicken, die gerade einmal unserem eigenen Welt-(Wunsch-)Bild entsprechen. Ohne jetzt weitere Beispiele aus der Natur zu bemühen bleibt auch der Mensch selber immer ein Teil der Natur und der Entfaltungern, die sich in ihr vollziehen. Auch wir selber entwickeln uns sogar in unseren körperlichen Merkmalen und Fähigkeiten weiter wenngleich dies global gesehen nicht zeitgleich geschieht.

Wir Menschen haben uns über verschiedene Entwicklungsstufen vermischt, angepasst und verändert. Wir haben uns in verschiedenen Gegenden dieser Welt bezüglich unserer Sozialform sowie bezüglich unserer Kultur, Zivilisation und Religion unterschiedlich herangebildet und sind später durch Migrations- und Emigrationsströme teils wieder zusammengekommen. Wir wissen heute unter anderem über DNA-Vergleiche, dass und wie wir Menschen uns von einem gemeinsamen Ursprung her über Wanderbewegungen verbreitet haben. Wir alle waren also in unserer Ahnenreihe einmal Migranten beziehungsweise Emigranten. Auch quer untereinander fanden Migrationsströme und Vermischungen statt, aus denen dann später Völker und nationale Identitäten entstanden sind.

Eine solche Vermischung und Weiterentwicklung fand auch im Bereich der Religionen statt. Nicht jede Weiterentwicklung ist aber gleichzeitig eine Höherentwicklung. Die Frage, was ein „höher" ist, hängt ja von den Kriterien ab, die man dafür anlegt. Diese sind immer auch durch sich verändernde äußere Faktoren mit beeinflusst wie Klima, Sozialform, Wirtschaft ... Also verändern sich auch diese Kriterien mit der Zeit.

„Begegnungen, 2024 Teil 2“

Unbestreitbar muss man anerkennen und wertschätzen, dass sich die Ideen und die Religionen ebenso gegenseitig in ihren Entwicklungen beeinflusst haben. Das geschah teils in Religionskriegen und Eroberungen, vorwiegend aber durch Handel, Begegnung, Migration, Emigration und Vermischung. Ideen begegneten einander und inspirierten sich gegenseitig. Religiöse Einsichten und Erkenntnisse profitierten voneinander und entwickelten sich weiter. Gesellschaftliche Leitsätze und Normen veränderten sich miteinander einfach deshalb, weil man miteinander lebte und so nach und nach gegenseitig verstand, dass was und wie der jeweils andere etwas machte und lebte, nicht in sich selber bedrohlich, schlecht oder verwerflich war. Auf diese Weise vertieften sich durch Begegnungen auch die religiösen Erkenntnisse und Einsichten. In unterschiedlichen Gegenden dieser Welt verstanden, durchgründeten und formulierten unterschiedliche Religionen ihre göttlichen Weisheiten und Erkenntnisse immer tiefer, je offener sie für die jeweils anderen waren, was aber nicht zwingend mit dem Alter dieser Religionen verknüpft ist.

Aus der Sicht und Selbstdefinition der Christen hat Jesus aus Nazareth das Wesentliche des Glaubens Israels auf den Punkt gebracht. Dieser Glaube Israels hat sich in Judentum, Christentum und Islam entfaltet. Dies geschah nicht von einem Nullpunkt aus, sondern ganz sicher auch in Begegnung und Kommunikation untereinander sowie mit anderen religiösen und philosophischen Systemen. In christlicher Sicht brachte Jesus aus Nazareth die aus ihm heraus sprechende Stimme des Göttlichen als direktes Wort Gottes in die Welt, dass Liebe in sich selber eine Beschreibung und Gegenwart Gottes in dieser Welt ist. Im Gebot der Gottes- und Nächstenliebe ist laut Jesus darum alles ausgesagt und auf den Punkt gebracht, was jemals irgendwo an göttlichen Einsichten gefühlt oder ausgesprochen worden ist (Mk 12, 29-31). Deshalb ist für Christen die Gottes- und Nächstenliebe die wahre und tiefste Folie, durch die das eigentlich Göttliche und Heilige erst wirklich zum Vorschein kommt in übergreifend allen religiösen Einsichten, weltlichen Lebensorientierungen und rituellen Praktiken. Die Gottes- und Nächstenliebe ist wie eine Farbbrille, die das Wesentliche tönt und so erst sichtbar werden lässt.

Erst mit der Voraussetzung dieser Grundperspektive der Gottes- und Nächstenliebe wird zum Beispiel deutlich, was die alte Aussage „Auge um Auge, Zahn um Zahn" wirklich meint. Sie ist eben nicht ein Freibrief für Rache, Gewalt und Familienfehde sondern will im Gegenteil die allgegenwärtige Gewalt begrenzen indem sie sagt: „Wenn überhaupt darfst Du dem anderen nur höchstens so viel Gewalt antun, wie er Dir selber angetan hat!" Auch im Judentum ist diese Diktion des in der Heiligen Schrift Festgehaltenen durchaus bewusst. Die ganze von Gott gewollte innere Dynamik des von uns Christen „Altes Testament" genannten ersten Teiles unserer heiligen Schrift wird in der Offenbarung und Vertiefung Jesu noch einmal deutlicher sichtbar als eine Geschichte der von Gott gewollten Ablehnung und Eindämmung der Gewalt. Dies beginnt mit der Verdammung des Brudermordes von Kain an Abel und findet ihren höchsten Ausdruck in der von Jesus gelehrten direkten Verbindung von Gottes- und Nächstenliebe, weil wir ausnahmslos alle geliebte Kinder des einen Gottes sind. Auf dieses Wesentliche hin können, dürfen und müssen aus christlich-jüdischer Sicht die eigenen Quellen wie auch alle anderen Religionen befragt werden. Auf dieses wesentliche Wahrheitskriterium hin können, müssen und dürfen unsererseits auch alle weltlichen Philosophien und Ideologien befragt und hinterfragt werden.

Bevor man jedoch diese Hinterfragung in einer Wertschätzung des jeweils anderen angeht, sich also auf das ihm „Heilige" hin inspirieren lässt, muss man sich zuerst den Kern des eigenen „Heiligen" bewusst machen. Ohne dieses Durchgründen des Eigenen auf das wirklich „Heilige" hin läuft man Gefahr, sich in Scheingefechten zu verlieren und bis zum letzten Blutstropfen Dinge zu verteidigen oder zu bekämpfen, die doch den Kern des eigenen „Heiligen" gar nicht berühren oder gefährden. So kann man nicht zusammenkommen!

Der Kern des den Christen „Heiligen" ist in Berufung auf Jesus aus Nazareth beschrieben in der Liebe als Gegenwart des Göttlichen. Für den Bereich der Liebe wurden in der weltlichen Philosophie verschiedene Formen und Lebensweisen der Liebe ausgemacht und voneinander abgegrenzt. Solche Unterscheidungen sind Elternliebe, Geschwisterliebe, Freundesliebe, Nächstenliebe, geistige Liebe, körperliche Liebe ... Im Sinne von Verstehen, Begreifen und Erlebbar-Machen sind diese Unterscheidungen auch hilfreich und weiterführend. Nicht ohne Grund heißen aber alle diese Formen „Liebe" denn ihr Wesenskern und ihre innere Grunddynamik sind dieselbe. Ohne diese Formen der Liebe auf ihren eigentlichen Wesenskern zu durchgründen läuft man jedoch Gefahr, diese Unterscheidungen für das konkrete Leben mit Normen, Dogmen oder Gesetzen zu zementieren sowie alles als „unsittlich" zu verwerfen, was nicht diesen aufgebauschten „heiligen Kühen" entspricht.

Natürlich setzte sich der Glaube Israels etwa zu den religiösen Tempelzeremonien des im ersehnten und verheißenen Land Kanaa vorherrschenden Baalskultes zum Beispiel dahingehend ab, dass sexuelle Ekstase isoliert betrachtet nicht in sich selber eine Erfahrung des Göttlichen in dieser Welt ist. Auf dem Hintergrund der Vertiefung und Klarstellung Jesu wird das noch deutlicher: Man kann Sex „haben" oder „machen" ohne Liebe. Dann ist es ein körperliches oder vielleicht auch ein geschäftliches Abreagieren und Austoben des eigenen Triebes. Auch wenn uns unsere Triebe ebenso von Gott gegeben sind und schon deshalb nicht in sich selber schlecht oder unsittlich sein können, weil sie ein Teil der uns von Gott gegeben Natur sind – isoliert betrachtet können sie sich aber sogar doch direkt gegen Gott richten und damit Sünde sein, weil sie in christlicher Sicht erst im Wesenskern der Gottes- und Nächstenliebe zu sich selber kommen. Dies wird deutlicher, wenn man sich diesen Wesenskern genauer ansieht.

Der Gottesliebe liegt zugrunde, dass jeder von uns aus einem „Göttlichen" her stammt. Dieses Göttliche formt bei unserer Menschwerdung unsere Seele und nimmt in ihr Platz. Die Seele geht dann mit und in unserem Körper den Weg durch dieses Leben. Sie ist unser „Lebenslicht", das zum Licht zurückwill, dem es entstammt. Solange unser Weg hier auf der Erde bestimmt ist, will dieses Licht uns hier auch am Leben erhalten. Es begründet in diesem Streben daher auch die Heilkräfte, welche Körper, Geist, Psyche und Seele in sich tragen. Irgendwann setzt dann die Seele mit dem irdischen Tod auf einer jenseitigen Ebene ihre Reise zurück ins Göttliche fort. Die Gottesliebe sagt also, dass unsere eigene Seele sich selbst auf Gott hin ausrichtet, dorthin strebt und in diesem Streben Erfüllung, Glück und Frieden findet. Allerdings bleibt sie in alleine dieser Betrachtungsweise immer nur ein individueller Weg. Das wäre ein Freifahrtschein für alles, was uns halt Freude macht, und würde auch unsere dunkelsten Abgründe zu etwas Göttlichem erheben. So gab es zum Beispiel in Babylonien und in Assyrien Kulte, in denen das Jammern und Schreien von Gequälten als Musik galt, mit denen man die Götter zu erfreuen hatte.

Ihre notwendige Ergänzung findet daher diese Gottesliebe in der von Jesus aus Nazareth auf die gleiche Stufe gestellten Nächstenliebe (Mk 12, 29-31). Ihr liegt zugrunde, dass ausnahmslos alle Menschen von Gott her ihre Seele und ihr Seelenlicht erhalten haben. Jeder Mensch ist also ein Träger und ein Tempel der Heiligkeit Gottes, selbst wenn ihm das nicht bewusst ist oder er davor flieht. Der Weg zum „Göttlichen" kann in der Verschränkung von Gottes- und Nächstenliebe darum niemals ein in sich abgeschotteter Inselweg sein. Wir begegnen dem Licht Gottes in jedem Menschen, der uns über den Weg läuft. Es dort zu sehen, zu achten und als heilig zu wertschätzen macht erst das Heilige in unserer eigenen Seele für uns selber konkret fühlbar und sichtbar. Das Heilige in der Seele des konkret anderen gibt dem Licht des Heiligen in unserer eigenen Seele seine Energie. Es ist wie der Brennstoff, ohne den das Licht in unserer eigenen

Seele sich immer mehr auf sich zurück zieht, kleiner wird und schließlich sogar nach und nach verdorrt. Liebe will sich mitteilen – nur so kann sie selber überleben und wachsen. Ohne die konkrete, durch das Licht in der Seele des jeweils anderen angefeuerte Energie kann die eigene Seele den Weg zum Licht nicht finden. Darum sind Gottes- und Nächstenliebe direkt miteinander verwoben und gehören zusammen.

Mit anderen Worten ausgedrückt sagt dieser Wesenskern der göttlichen Worte Jesu aus, dass der Weg zu Gott niemals nur isoliert individuell sein kann sondern immer auch über den konkret Nächsten führen muss, der einen Teil unseres Lebensweges mit uns zusammen geht, der unseren Lebensweg für einen Moment oder länger kreuzt. Möglicherweise ist das niemals Zufall, sondern Gott schickt uns konkrete Menschen über den Weg, weil er damit einen Heilsplan auch für uns selber verfolgt. Das Glück des jeweils anderen hebt uns selber erst wirklich in den Himmel.

Damit sind wir dann auch bei der eigentlichen Wesensbeschreibung dessen, was die Dynamik der Liebe beschreibt, die sich dann in den verschiedenen Formen ausprägen kann. Wirkliche Liebe ist das Gegenteil von Selbstliebe. Ich bin glücklich über das Glück des jeweils anderen. Natürlich ist darum nichts egoistischer als etwas für andere zu tun. Dennoch ist die Dynamik eine andere. Wir tragen dazu bei, dass der andere glücklich sein kann – nicht weil uns irgendein Gebot oder eine Pflicht das befehlen, nicht weil wir für uns irgendeinen Vorteil erhoffen und mit Gott einen Kuhhandel abschließen wollen, sondern einfach deshalb, weil wir selber Glück und Erfüllung dabei empfinden. Jenseits einer plumpen Kosten-Nutzen-Rechnung ist das eine andere Dynamik. Sie ist das „Hören" eines inneren Lockrufes zum Heil und diesem Hören Ausdruck und Aktion-Geben. Das kann nur miteinander gelingen weil Liebe sich mitteilen will oder abstirbt.

So ist der innerste Kern wahrer Liebe das allen Menschen innewohnende Sehnen, Streben und Hoffen auf Heil und Glück.

Nächstenliebe ist in dieser Vertiefung Jesu eben nicht einfach „nur" Sozialarbeit, Mitleid, Almosen geben, auferlegte staatliche oder religiöse Pflicht. Sie kommt erst wirklich zu sich selbst und zu ihrem „heiligen" Streben und Strahlen von innen heraus, wenn sie im konkreten Nächsten das Licht Gottes erblickt, ehrt, hochhält und feiert. So sind wir in der Tiefe unserer eigenen Seele mit dem Nächsten verbunden. Dieser Kern wahrer Liebe verbindet uns nicht nur im Innersten miteinander – er beschreibt diese Verbundenheit auch als einzigen Weg, auf dem ein gemeinsames heiliges Wollen entstehen und in einer gemeinsamen Strömung Heiligen Geistes miteinander erreicht werden kann. Das hat uns Jesus gelehrt und er hat es uns bis zu seinem Tod vorgelebt.

Der eigentliche Wesenskern der Liebe ist also für uns Christen die innere Verschränkung und Gleichbedeutung von Gottes- und Nächstenliebe. Das eine ist ohne das andere oberflächlich, erreicht uns nicht in der Tiefe und kann zu purer Heuchelei verkommen. Dafür ist es aber nicht zwingend notwendig, selber den Glauben an Gott oder an ein Göttliches zu haben. Auch Menschen ohne religiösen Glauben können wahrhaft lieben. Jedoch ist in sich selber dieses Glück-Empfinden über das Glück des jeweils anderen der wahre Wesenskern der Liebe und für uns Christen eine innere Dynamik des Göttlichen. Es ist letztlich unerheblich, ob man das nun auf diese religiöse Weise begreift oder ob man es mit weltlichen Worten beschreibt. Im Ergebnis ist wahre Liebe für uns Christen immer ein Ort Gottes und damit immer ein heiliger Raum. Das ist keine Vereinnahmung Andersgläubiger oder von Menschen ohne Glauben. Es ist unser ureigenster christlicher Beitrag, den wir in Religion, Politik und Gesellschaft einbringen.

Wenn nun eine so verstandene Liebe den Wesenskern unseres Glaubens beschreibt und unser Beitrag sein soll, den wir einbringen wollen, dann muss das in unserem Glauben auch für alle Formen der Liebe gelten wie der Liebe zu den Eltern, zu Freunden, Partnern oder generell zu allen Nächsten. Immer wenn wir Glück über das Glück des jeweils anderen empfinden, dann ist das Liebe und ist das heilig. Es ist das Gegenteil von Besitzen-Wollen. Es ist eher wie die Freude über ein Rotkehlchen, das im Garten an unsere Vogeltränke kommt, uns erfreut, einfach weil es da ist und dann weiterfliegt. Wir sind nicht böse, wenn es weiterfliegt. Wir sind dankbar, dass es da war und uns erfreut hat. Wir werden das Rotkehlchen auch nicht festhalten und einsperren wollen, sondern wir lassen es weiterfliegen zu einem Ort, von dem wir nicht wissen, wo er ist. Dankbarkeit erfüllt uns und nicht der Schmerz des Loslassens.

Ob wir tatsächlich wahre Liebe spüren, können wir eben auch daran erkennen, ob wir wirklich bereit wären, dankbar loszulassen, damit der andere seinen Weg weiter gehen kann und glücklich wird. Das gilt auch für das letzte Loslassen beim Tod eines Partners. Loslassen und in Frieden gehen lassen ist der letzte heilige Akt einer großen Liebe. So sind die Lichter auf dem Grab eines geliebten Verstorbenen zum einen Symbol für dessen Lebenslicht, das nun seinen Weg zurück zu Gott geht. Zum anderen sind sie auch Ausdruck unserer eigenen Dankbarkeit und Ehrerbietung, die wir für den Verstorbenen haben und hoch halten. Damit halten wir uns auch selber bewusst, dass wir selber geworden sind durch viele Geschenke der Liebe von anderen. Das bewahrt uns davor, überheblich und hart zu werden. Wir stehen immer auf dem Boden unserer Ahnen. Sie zu ehren ist darum wesentlicher Ausdruck eigener Bescheidenheit und Sittlichkeit.

Wenn wir wahre Liebe in dieser von Jesus gelehrten Verschränkung von Gottes- und Nächstenliebe als einen heiligen Raum und als eine Gegenwart Gottes betrachten, dann muss dies nicht nur für alle Formen von Liebe gelten, sondern ebenso für alle Konstellationen von schöpferischer Liebe, denn ihr Wesenskern ist gleich. Hier müssen wir lernen, größer und tiefer zu denken als es unsere bisherige gesellschaftliche Entwicklung und die daraus hergeleiteten Normen und sittlichen Vorstellungen hergeben. Alles das hat in seiner Entstehungszeit sowie in dem jeweiligen Wissens- und Wahrnehmungshorizont seine Berechtigung und seine Aufgabe gehabt. Aber die Zeit, die Entwicklungen und die Wahrnehmungen gehen weiter. Nur bestimmte Zeit-, Entwicklungs- und Vorstellungsphasen als zeitlos für alle verbindlich erklären zu wollen widerspricht der inneren Dynamik im christlichen Wesenskern der Gottes- und Nächstenliebe. Es hat eben nicht im Hier und Jetzt das Glück des jeweils anderen im Sinn, sondern glorifiziert und dogmatisiert bisherige oder frühere Denk- und Fühlmuster, die es alleine dem jeweils anderen auch im Hier und Jetzt als Glück zugestehen oder einreden will. Welche Überheblichkeit!

Wenn jemand Glück erlebt und wahre Liebe empfindet, dann haben wir doch nicht das Recht, ihm zu sagen: „Du bist nicht glücklich und Du hast keine Liebe!" Es ist doch dann völlig egal, ob ein Mann eine Frau liebt, eine Frau eine Frau, ein Mann einen Mann … – immer wenn wir über das Glück des jeweils anderen glücklich sind, dann ist das Liebe und ist das heilig. Auch für die verschiedenen Formen des Zusammenlebens gilt das. Natürlich ist die bisher als „Kernfamilie" bezeichnete Form der Liebe ein heiliger Raum sofern dieser tatsächlich von wahrer Liebe getragen wird. Aber das heißt doch nicht, dass andere Formen von Liebe nicht in sich selber heilig sind oder sein können. Warum sollen gleichgeschlechtlich liebende Menschen denn keine wahre Liebe empfinden? Woher nehmen wir das Recht zu behaupten, in Patchwork-Familien oder in bigamen beziehungsweise polygamen „Ehe"-Konstruktionen gäbe es keine wahre Liebe? Müssten wir da nicht viel größer denken und auch diese Konstellationen als heilige Räume anerkennen und wertschätzen? Wir könnten zum Beispiel wertschätzende Begriffe dafür einführen, die einerseits die Ehe als heiligen und besonderen Raum bewahren und schützen, die andererseits aber auch das Heilige in anderen Lebens- und Partnerschaftskonstellationen anerkennen, ehren und bewahren helfen.

Aus der Sichtweise der Natur heraus, die in uns lebt und die sich ihren Raum nehmen will, sowie aus der beschriebenen inneren Dynamik der Liebe heraus, die das Glück des jeweils anderen im Sinn hat und so ein gegenseitiges Netzwerk der Liebe als eine Gegenwart Gottes bildet, kann man sagen, dass aufgebaute starre Grenzen meist nur in unserem Kopf existieren. Gott kennt keine Grenzen. Von unserer eigenen Begrenztheit her haben wir diese starren Mauern aufgebaut. Jedoch haben wir Menschen als einen Wesenszug auch unseren Verstand von Gott her bekommen, der uns helfen kann, unsere Natur nicht zu verdrängen, sondern sie so zu lenken, dass wir niemandem Schaden zufügen und dass sich unsere individuelle Natur in ein gemeinsames Ganzes einbinden lässt. Auch das ist von der Natur her in unserem sozialen Wesen so angelegt. Von daher sind durch den Verstand erschlossene Grenzsetzungen durchaus sinnvoll. Dies stimmt jedoch nur dann, wenn sie sich nicht direkt gegen die beschriebenen Kriterien der Natur richten und nicht dem inneren Wesenskern der Liebe entgegenarbeiten. In Bezug auf sexuelles Verhalten könnten zum Beispiel solche Grenzsetzungen und damit Eckpunkte einer modernen und aufgeschlossenen Sexualethik sein:

1) die Achtung und Respektierung einer Liebes-, Lebens- oder Ehebindung meines Gegenübers – diese Grenze ergibt sich daraus, dass Liebe immer in sich selber ein heiliger Raum ist, der respektiert werden muss und nicht angetastet werden darf;
2) ein Tabu muss sein die Ausnutzung einer dienstlichen, finanziellen, emotionalen oder intellektuellen Stärkeposition – dies ist immer ein Machtmissbrauch, weil mein Gegenüber sich ja nicht freiwillig und/oder mündig mir hingibt;
3) besonders schwerwiegend ist das sexuelle Ausnutzen der Hilflosigkeit oder der Anhänglichkeit von Kindern – hier wird die Abhängigkeit oder das Nähebedürfnis von Kindern durch das niedere Motiv der eigenen Triebhaftigkeit ausgenutzt und so den Kindern in ihrer Entwicklung schwerster Schaden zugefügt;

4) die Vermeidung von Schaden für die Beteiligten oder für Dritte sowie generell die Achtung vor der Unversehrtheit des Leibes – dies ergibt sich daraus, dass die heilige innere Dynamik der Liebe den anderen wie mich selber als ein heiliges Geschenk und als einen Tempel der Gegenwart Gottes würdigt.

Alles, was sich innerhalb dieser Grenzen abspielt, wäre in den Kategorien der Natur gedacht sowie in der Wertschätzung der Natur als Ausdruck und Gegenwart des Schöpfungswillens Gottes nicht gegen den Willen Gottes. Es ist schlicht nur „die Natur" oder „unsere Natur", die sich Raum nimmt und die sich nur auf Kosten schwerer und schwerster Verbiegungen unterdrücken lässt. Jedes Mehr an Lebensfreude, Freude, Lust … entspricht in diesem beschriebenen Rahmen dem in der Natur wirksamen und sichtbaren göttlichen Schöpfungswillen, dessen innere Ordnung Liebe ist, wie es zurecht bereits Augustinus dargelegt hat. Auch in die Sexualmoral der Christen, die vielen fremd oder sogar egal geworden ist, käme damit eine sehr ansprechende und hilfreiche „bewahrende Beweglichkeit" hinein, die Heiliges schützt, aber nicht gleichzeitig viele Menschen ausgrenzt und verurteilt. Dies würde positiv Orientierung und Hilfe anbieten statt lediglich Mauern und Grenzen zu setzen.

Wir haben jedoch in unserer Tradition und Geschichte Setzungen vorgenommen, die als zeitlos unantastbar festgelegt wurden. In unserer sich verändernden Gesellschaft müssten diese auf ihren eigentlichen heiligen Wesenskern hin befragt werden, statt sie einfach als sakrosankt zu erklären. Damit werten wir alle diejenigen ab oder grenzen sie sogar aus, die nicht in unsere bisherigen Schemata hineinpassen. Unsere Aufgabe kann es doch nicht sein, Mauern und Grenzen aufzubauen. Vielmehr liegt es an uns, die uns heiligen Kühe und Setzungen auf ihren heiligen Wesenskern hin zu durchgründen und so zu einer Kompatibilität beizutragen, die es ermöglicht, dass sehr verschiedene Menschen sowie sehr verschiedene gesellschaftliche und religiöse Gruppen Anknüpfungspunkte zueinanderfinden.

Liebe ist in jedem Menschen als Gabe Gottes angelegt – egal ob er sich nun einer Religion zugehörig empfindet oder nicht. Darum kann gerade die christliche Vertiefung und Ehrung der Liebe als heiliger Raum und als Gegenwart Gottes auch übergreifend jeden erreichen, Anknüpfungspunkte anbieten und zu einer gemeinsamen Plausibilität beitragen, die sich nicht nur in der eigenen religiösen Binnensphäre einigelt. Wir können also einen sehr wichtigen und lebensnahen Beitrag leisten. Dafür müssen wir aber ehrlich uns selbst hinterfragen und konsequent das umsetzen, was in unseren Quellen und auch in unseren Traditionen doch eigentlich bereits als Schatz angelegt ist.

VII „Heilige Kühe": Bremsen oder Chancen ?

Zur Klärung der Begrifflichkeit sei hier vorausbemerkt, dass in „heiligen Setzungen" etwas „Heiliges" in Ausdruck, Wort und Gestalt gebracht wird. Es wird ein Raum eröffnet, in dem das Heilige sichtbar ist und geschützt wird. Bei Letzterem wird allerdings die heilige Setzung dann zu einer „heiligen Kuh", sobald diese Setzung mit Schutz- beziehungsweise Angriffshörnern oder mit starren Schutzmauern umgeben wird. Die heilige Setzung wird als sakrosankt erklärt und wandelt sich zur „heiligen Kuh". Das meint, dass es an diesen Hörnern und Setzungen vorbei keine Diskussionen oder Veränderungen mehr geben darf. Die „heilige Kuh" ist unhinterfragbar für alle als zeitlos verbindlich festgelegt.

Eine der zentralen Aussagen Jesu war: „Der Sabbath ist für den Menschen da und nicht der Mensch für den Sabbath!" (Mk 2,27). Er verstand das Zentrum des Glaubens Israels nicht als Gesetzesreligion. Übertragen heißt dies, dass alle religiösen Gebote sowie entsprechend alle Arten familiärer oder politischer Ordnung, alle Technik und Wissenschaft, alle juristischen und religiösen Institutionen niemals Selbstzweck sind. Ihre Aufgabe ist es, dem Menschen zu dienen. Das meint, ihn nicht zu entmenschlichen, ihm nicht die Freiheit und Würde zu nehmen und ihn nicht der arroganten Willkür religiöser oder weltlicher Machtausübung zu unterwerfen.

Die ehrliche Verkündigung dieses göttlichen Maßstabes beinhaltet die ständige Hinterfragung, ob man auch selber diesem Maßstab gerecht wird. Zurecht muss daher angeprangert werden, wo man in Geschichte und Gegenwart diesem Anspruch nicht gerecht geworden ist oder gerecht wird. Hierbei verbietet sich aber jede öffentlich-politische oder ideologische Instrumentalisierung, weil es dann nicht mehr um die Sache als solche geht. Der öffentliche Raum ist nicht in sich selber ein Wahrheitskriterium! Dennoch gebietet die Redlichkeit sowohl auf der individuellen wie auch auf der institutionellen Ebene einerseits das Eingeständnis des Zurückbleibens hinter dem eigenen Anspruch. Andererseits können wir dieser Messlatte auch nie völlig gerecht werden weil wir Menschen sind, jede Institution aus Menschen besteht und das Recht auf Unvollkommenheit zu den Grundbestandteilen der Würde des Menschseins gehört. „Helle" wie „dunkle" Seiten gehören immer wesensmäßig zu uns dazu. Das aber darf kein bequemes Rückzugsbecken sein sondern beschreibt nur die Beständigkeit des Auftrages Jesu, diesem Maßstab gerecht werden zu wollen und zu sollen.

Ein solches Wollen ist der Motor von Kultur, Zivilisation und Kanalisierung unserer Seelenkräfte, ohne dabei unser ambivalentes Wesen zu verleugnen. Ein empörter Aufschrei über die „bösen anderen" ist alleine schon deshalb heuchlerisch-verlogen, weil wir alle unsere dunklen Seiten in uns tragen oder unsere „Leichen" im Keller haben. Den lautstärksten Obermoralaposteln steht es in den Augen Jesu zu, erst einmal vor der eigenen Türe zu kehren bevor sie sich anmaßen, empört mit dem Finger auf andere zu zeigen (Lk 6, 41-42). In diesem Sinne braucht es zunächst den ehrlichen und korrekturoffenen Blick auf das innerste Eigene bevor wir den Schritt auf andere zu machen. Nur wenn wir uns selber als schwach und sündig und nicht vollkommen wahrnehmen, können wir auch Barmherzigkeit üben mit uns selber und mit anderen. Oft genug lässt uns auch die offene Begegnung mit anderen erst deutlicher wahrnehmen, was denn dieses eigene Innerste eigentlich ist.

Wenn wir in diesem Sinne unsere heiligen Setzungen verstehen wollen, dann müssen wir sie zum einen von ihrem im letzten Kapitel beschriebenen Wesenskern her verstehen und zum anderen von ihrem Entstehungshorizont her. Nur so können wir ihren innersten Wesenskern und ihr innerstes Heiliges verstehen. Auf diesem Wege spüren wir dann aber auch selber dieses

„Heilige" in ihnen deutlicher, weil wir es in Definition und Begreifen von den Formen lösen, in die hinein wir es gesetzt haben. Solche Formen sind religiöse Aussagen und Bilder, moralische Setzungen, Riten, Bräuche und Zeremonien. Diese Formen sind jedoch niemals Zweck in sich selbst, sondern sie wollen einen Ort eröffnen und einen Rahmen definieren, in dem das uns Heilige aufleuchten kann und geschützt wird. Damit haben diese Formen zwar einen zielführenden Zweck, jedoch sind sie in bestimmten Zeit-, Kultur- und Wissenshorizonten als so diesem Zweck dienend verstanden und festgesetzt worden. Innerhalb dieser Horizonte haben diese Formen also einen zielführenden Sinn gehabt.

Es gab aber immer eine Entwicklung vor dieser Zeit und nach dieser Zeit mit ihren jeweiligen Horizonten. Vor dieser Zeit können andere Setzungen sinnvoll gewesen sein. In Kleinfamilienverbänden lebende Jäger und Sammler können zum Beispiel nicht mehr umherziehen, wenn Familienmitglieder durch Erkrankung, Unfall oder Alter dauerhaft nicht mehr mobil sind. In einigen solcher Kulturen wurden diese dann ausgesetzt und zurückgelassen. Später haben sesshafte oder halbsesshafte Kulturen andere Wertungen und Setzungen vornehmen können, weil schlicht die Umstände oder auch die Wissenshorizonte sich verändert hatten.

Auch in unserer individuell lebensbiografischen Entwicklung kennen wir das. So ist es für Kinder zum Beispiel ganz natürlich, dass sie Aufmerksamkeit und Zuwendung der Eltern wollen. Dazu entwickeln sie Strategien wie Anpassung („immer hübsch brav sein"/„Leistung bringt Anerkennung") oder Aggression („trotzig sein hilft"/„die anderen sind Konkurrenten"). In den Umständen und Entwicklungen der Kindertage machen diese Strategien und Muster oft auch Sinn. Sobald sie sich aber als Setzung fest in uns eingenistet haben, unhinterfragbar „dogmatisiert" werden und keine Entwicklung mehr zulassen, besteht die Gefahr, dass sie sich in den sich verändernden Umständen des Älter- und Erwachsen-Werdens nicht mit verändern. Häufig neigen Erwachsene in für sie stressbelasteten Situationen auch dazu, auf „bewährte" Muster ihrer Kindertage zurück zu greifen beziehungsweise wieder in sie zurückzufallen. Tatsächlich sind sie dann aber gar nicht „erwachsen" geworden sondern bleiben innerlich in den Mustern ihrer Kindheit gefangen. Aus ihnen sprechen dann Wut, Zorn und klammernde Liebessehnsucht der eigenen Kindertage statt die gelassene und Verantwortung übernehmende Freiheit eines Erwachsenen.

In Gesellschaften und Religionen spielt sich das Gleiche ab. Es werden aus alten Tagen gesellschaftliche Sitten und Tabus sowie im religiösen Bereich heilige Setzungen oder gar heilige Kühe hochgehalten, die immer den Sinn haben, etwas Bestimmtes zu schützen und Nichtgewolltes abzuwehren. Doch auch Gesellschaften und Religionen entstehen irgendwann und dann entwickeln sie sich weiter. Wenn sie sich dieser niemals am Nullpunkt beginnenden Entwicklung verweigern, werden auch Gesellschaften und Religionen nicht „erwachsen". Sie beharren auf Setzungen, die in früheren Zeiten als Gesetze oder Gebote durchaus zielführend Sinn gehabt haben. Wenn aber die Welt sich verändert verweigern sie sich ihrer Aufgabe des Erwachsen-Werdens, sich selbst auch mit zu verändern. Sie ziehen sich entweder zurück, glorifizieren und leben diese alten Gebote und Gesetze in der eigenen Binnensphäre oder sie wollen diese alten Gesetze und Gebote sogar allen anderen aufzwingen.

Der Glaube Israels zum Beispiel war ein Aufbruchs- und Befreiungsglaube. Abraham bricht auf ins verheißene Land. Er vertraut auf den Anruf Gottes und macht sich gegen alle „Vernünftigkeiten" auf den Weg dorthin. Die später als „Israeliten" bezeichneten hebräischen Menschen brechen auf aus Ägypten, weil sie Freiheit suchen und in das ihnen verheißene Land wollen, was für sie zum Sinnbild wird für die Hoffnung auf ewige Heimat, Frieden und Glück. Doch dieser Glaube brauchte in der Findungsphase der Wüstenwanderung Abgrenzungen um zu sich selbst zu finden. Beschrieben finden wir das in der Bibel mit den Jahren in der Wüste, bevor sie dann als „Volk Israel" nach Kanaa kamen. Der nun entstandene neue Glaube brauchte dort Abgrenzungen zu dem alten Glauben der bereits in diesem Land lebenden Menschen mit ihrer Religion und ihren Kulten. Diese Abgrenzungen gelangen aber nie so ganz. Besonders im Volksglauben flammten immer wieder alte Glaubensvorstellungen auf und es blieb vieles gleich. Das änderte sich, als der erste Staat Israel zusammenbrach und ein Großteil der Oberschicht des vom alten Israel verbleibenden Stammes Juda nach Babylon verschleppt wurde. Zur Wahrung der eigenen Identität wurden dort sowie ebenso bei dem kleineren nach Ägypten geflohenen Bevölkerungsteil alle alten aufgeschriebenen Worte des Göttlichen auf Weisungen und Gebote hin durchforstet, die dazu dienen sollten, die Wege Gottes niemals mehr zu verlassen. Diese Gebote und Gesetze wurden als sakrosankt erklärt und dürfen bis heute nicht angetastet werden. Es entstand das „Judentum", in dem der alte Glaube Israels auch überlebte. In diesem Glauben sind bis heute die Gesetze und Gebote zentraler Bestandteil der eigenen Glaubensidentität.

Jetzt aber war dieser Glaube von vielen Ideen unter anderem aus dem Staatsglauben der Babylonier inspiriert. Beispiele dafür sind die Lehren von Engeln und Dämonen, die Vorstellung des Teufels sowie die Grundstruktur von Licht und Finsternis, die sich als Feinde gegenüberstehen (Leutgöb, S. 139 ff.). In Babylon kamen die von dem alten Staat Israel übrig gebliebenen Menschen des Stammes Juda mit den Ideen des Staatsglaubens der Babylonier, dem sogenannten Zoroastrismus, in Berührung und nahmen vieles davon in sich auf. Es entstand das „Judentum". Viele alten Erzählungen und Schriften wurden nicht nur neu aufgeschrieben sondern auch Bestehendes neu überarbeitet, ergänzt und interpretiert.

Auch bei Jesus, der sich ja bis zum Schluss als Jude verstanden hat, tauchen Vorstellungen auf, die unter anderem über Babylon in den Glauben Israels eingewandert waren. Jesus hat das aber nicht als Bedrohung verstanden. Sein Anliegen war es, den alten Glauben Israels auf seinen eigentlichen heiligen Wesenskern hin zu fokussieren und ihn so von Ballast zu befreien, der den heiligen Kern des Befreiungsglaubens Israels in seinen Augen eher verdeckte als dass er ihn strahlen ließ. In der Verwobenheit und Gleichbedeutung von Gottes- und Nächstenliebe sah er das innerste Heilige des Glaubens Israels auf den Punkt gebracht und erfüllt. Alles vorher von Gott Mitgeteilte ist in seinen Augen nicht falsch sondern in der Beachtung dieses heiligen Wesenskernes erfüllt (Mt 5, 17-20). Der Glaube war für ihn „erwachsen" geworden in dem Sinne, dass er einerseits nicht an alten Geboten und Gesetzen festklebte, sie aber andererseits auch nicht auflöste, sondern sie von ihrer Dogmatisierung befreite indem er ihr wahres Wesen erkannte.

Auch das Christentum, welches später entstand und sich auf diesen Jesus aus Nazareth beruft, musste in seiner Geschichte und Entwicklung viele Abgrenzungen vornehmen um zu sich selbst zu finden. Sogar eigene Spaltungen waren für die innere Entwicklung des Christentums wahrscheinlich sogar notwendig – jedenfalls sagt uns das in der Annahme eines göttlichen Heilsplanes unsere eigene Geschichte. Was wir heute sind ist in den jeweiligen Zeiten so geworden, die sich weiter entwickelt haben, weil wir Menschen, unsere Geschichte und unser Wissen sich weiter entwickelt haben. Das gilt heute ebenso wie in den früheren Zeiten als unsere Setzungen aufgestellt worden sind. Sie wollten etwas Heiliges schützen und hochhalten. Doch der Weg unseres eigenen heiligen „Erwachsen-Werdens" hört nie auf. Auch heute noch müssen unsere Setzungen, Formen und „heiligen Kühe" auf ihren innersten heiligen Wesenskern hinterfragt werden. Das erst ermöglicht es uns, korrekturoffen das „Heilige" zu bewahren und gleichzeitig seine Form und Setzung so anzupassen, dass diese auch heute lebenden Menschen Heimat, Orientierung und Schutz bieten können.

Wenn wir dazu aber nicht mit einem heiligen Willen korrektur-offen in der Lage sind, bleiben wir am Alten kleben. Wir schreien bei jedem Veränderungswunsch empört „Verrat" und unsere eigentlich doch „heiligen" Kühe mutieren zu wilden Stieren, die glauben, sich bis zum letzten Blutstropfen wütend verteidigen zu müssen. Das ist aber doch gar nicht nötig – zumindest nicht, wenn wir wirklich im Glauben erwachsen werden wollen und bereit sind, uns der Führung eines Heiligen Geistes anzuvertrauen, der doch viel mehr und viel größer ist, als wir es je sein können. Mit und in diesem Heiligen Geist ist Veränderung niemals eine Bedrohung. Sie ist „auf dem Weg bleiben". Sie ist ein tieferes Bewusstwerden des innersten Heiligen und damit eine neue Chance, auch auf die Menschen außerhalb unseres heiligen Binnenzirkels zu zu gehen, welche dieses Heilige doch ebenso als Anlage Gottes in sich haben und es spüren können. Meistens stoßen sie sich auch darum gar nicht an dem „Heiligen" als solchem, sondern genau betrachtet nur an den Formen und Setzungen, in denen wir bisher versucht haben, dieses Heilige aufleuchten zu lassen. Damit sind nicht unsere bisherigen Setzungen und Formen in sich selber falsch. Sie werden aber beweglicher und ihre Durchgründung schafft neue Kompatibilitätschancen zu denen, welchen wir fremd sind oder geworden sind und die sich in unseren Setzungen und Formen nicht aufgehoben oder verstanden fühlen.

Was innerhalb der christlichen Religion als notwendige Chance beschrieben ist, muss ebenso zwischen den Religionen geschehen. Sie alle wollen ein innerstes „Heiliges" suchen, bewahren und feiernd hochhalten. So unterschiedlich die einzelnen Erklärungsmuster, Formen und Zeremonien auch sein mögen und wohl auch sein sollen: Sie alle suchen im Letzten dieses innerste „Heilige", das in allen Menschen wohnt und sich Raum bahnen will – egal welchem Glaubensweg sie sich zugehörig fühlen, egal ob sie sich nun als gläubig verstehen oder nicht. Es gibt in diesem Sinne nicht den einen „wahren" Glauben, der gewaltsam allen anderen aufgedrückt werden darf. Es gibt Suchbewegungen auf das Göttliche hin, die sich in unterschiedlichen Kulturen, Gegenden und Religionen unterschiedlich ausgeprägt haben. Natürlich fühlt jeder dieser Glaubenszugänge in seinem Inneren bestenfalls, dass er einen wahren, heilführenden und beglückenden Pfad feiert und hochhält. Jedoch beinhaltet die Verneigung vor der Größe des Göttlichen, dass der eigene Zugang immer nur einen Teil der Unendlichkeit Gottes beleuchten kann. Die Absolutsetzung des eigenen Zuganges ist also das Gegenteil eines wirklich demütigen Dienstes am Höchsten. Was beim Beharren darauf, dass nur der eigene Zugang zum Göttlichen der einzige und wahre sein soll, herauskommt, das sehen wir tragischerweise nur zu deutlich gerade im „Heiligen Land", wo orthodoxe Juden und muslimisch-fanatische Araber sich gegenseitig ständig ihre „heiligen Kühe" entgegenhalten und es als Folge zu keiner Verständigung kommen kann, sondern es permanent zu scheinbar unauflösbaren Konflikten und Gewalteskalationen kommt. Das ist ein furchtbares Beispiel dafür, dass ein solcher Weg unvermeidbar nur in Vernichtung führen kann!

Auch wir Christen sollten uns im Gefolge Jesu davor hüten, uns auf einen solchen dunklen Pfad hin verführen zu lassen. Auch in unseren eigenen Reihen gibt es Menschen, die sofort „Verrat" schreien, sobald sie durch Veränderungswünsche anderer das eigene „Heilige" in Gefahr sehen. Ein Blick auf den innersten Wesenskern unserer Heiligen Kühe könnte uns aber lehren, dass eine solche Angst gar nicht nötig ist. Sie ist letztlich Ausdruck eines nicht im Glauben Erwachsenseins, denn ein erwachsener Glaube ist in der Lage, auf die Führung des Heiligen Geistes zu vertrauen und gelassen auf das göttliche Licht zu setzen, das in ausnahmslos jedem Menschen leuchten will und kann. Von Jesus her ist das Christentum eben keine starre Tabu- und Gesetzesreligion oder eine Abgrenzungsideologie. Es sagt schlicht, dass Liebe in sich selber eine göttliche Gegenwart ist und dass diese göttliche Gegenwart potentiell in allen seinen geliebten Kindern lebt. Nur von dorther darf gedacht, verstanden, gedeutet und gewertet werden. Wenn wir das wirklich ernst nehmen, macht uns das ungeheuer beweglich ohne dass wir dabei das eigene Heiligste aufgeben müssen.

Im Gegenteil: Gerade in dieser „bewahrenden Beweglichkeit" kann das Heiligste viel mehr aus sich selber heraus leuchten und strahlen statt an Unwesentlichem festzukleben, welches doch letztlich der Kleinheit und Begrenztheit unseres eigenen Verstandes entspricht. Wenn man dagegen das eigene Heilige auf seinen innersten heiligen Wesenskern durchgründet, dann entsteht daraus Gelassenheit und Vertrauen auf eine höhere göttliche Führung. In der „bewahrenden Beweglichkeit" wird also das erwachsen gewordene Ich jedes Glaubens sichtbar, welches auch in den jeweils anderen deren gefühlt-gewusstes Heiligstes wertschätzen und anerkennen kann. Wer diese innerste Dynamik der göttlichen Wahrheiten nicht anerkennt, der ist im Glauben nicht erwachsen geworden.

Ein reifer Glaube wertschätzt das Heilige wo auch immer es ihm begegnet. Darum erfüllen „erwachsen" gewordene Religionen auch das, wozu sie in ihrem innersten Wesenskern berufen und in der Lage sind: Sie führen Menschen zusammen, weil alle Menschen einen gemeinsamen, von ihnen als „göttlich" begriffenen Ursprung haben und weil sich die Seele jedes Menschen danach sehnt, zu diesem göttlichen Urgrund zurückzukehren. Dieses „im Glauben erwachsen werden" ist aber sowohl im individuellen Weg wie auch in den religiösen Institutionen und Organisationen nicht zwingend eine Frage des Alters. Religionen werden nicht zwingend erwachsener und ihren Ursprüngen gegenüber offener und gelassener, je älter sie sind. Auch dafür gibt es genügend Beispiele. Es gibt innerhalb aller Religionen mehr oder weniger bedeutsame Gruppen von Fanatikern, die sich dem religiösen Erwachsenwerden verweigern. Sie wollen gar nicht in einen korrekturoffenen Disput gehen, sondern verschanzen sich nur hinter: „Steht so im Koran! Steht so in der Bibel! Steht so ... !" Ebenso gibt es dem Erwachsenwerden hinderliche Strukturen wie Feindschaften innerhalb derselben Religionen oder eine fehlende gemeinsam anerkannte geistliche Oberhoheit, welche Willkür und Fanatismus Einhalt gebieten könnte.

Natürlich sind alle Setzungen immer auch in ihrem gesellschaftlichen und geschichtlichen Horizont zu deuten und zu würdigen. Die Setzung etwa, dass die Ehe aus Mann, Frau und Kind besteht und dass gerade die Kinder als eine Frucht der Liebe die eheliche Heiligkeit darstellen und materialisieren, ist ja nicht falsch. Sie ist etwas Heiliges! Ihr innerster heiliger Wesenskern ist, dass hier ein durch Liebe geheiligter Raum der Gegenwart Gottes beschrieben, geschützt und in seiner schöpferischen Kraft gefeiert wird. Warum aber soll es denn keine anderen heiligen Lebens- und Liebesräume geben als ausschließlich nur diese sich in unserer Kultur und Religion herausgebildete Form? Besteht „schöpferische Kraft" nur ausschließlich darin, Kinder zu zeugen? Können tatsächlich Patchwork-Familien, bigame oder polygame Beziehungsstrukturen in sich selber kein heiliger Raum sein? Können dort Menschen prinzipiell keine Liebe haben und Glück über das Glück des jeweils anderen empfinden? Mit welchem Recht können wir sagen, dass dort keine Heiligkeit existiert? Sind dann automatisch Menschen, die aus anderen Kulturräumen zu uns kommen, Kriminelle, weil Bigamie oder Polygamie bei uns verboten ist? Wenn Menschen freiwillig in solchen Familienkonstellationen leben, wirkliche Liebe empfinden und füreinander sorgen – wer gibt uns dann das Recht zu sagen: „Ihr dürft das nicht!"? Das Liebesgebot Gottes gibt das genauso wenig her wie der Blick auf die Natur!

Ein weiteres Beispiel ist die Konstellation von Liebe-Leben. Papst Benedikt XVI verwies in seiner Enzyklika „Deus Caritas Est" auf den griechischen Philosophen Plato. Dieser beschrieb Mann und Frau wie die beiden Hälften einer Kugel, die nur zusammen ein Ganzes ergibt. An diesem Bildvergleich ist vieles wahr und richtig. Jedoch handelt es sich dabei um ein profangedankliches Konstrukt. Die Weisheit Gottes, sein Liebeswille und sein Liebesgebot sind aber unendlich viel größer als unsere

Gedanken und der menschliche Verstand es je erfassen können. Wer sagt uns denn, dass gleichgeschlechtlich orientierte Menschen keine wahre Liebe füreinander empfinden können? Können sie nicht glücklich sein, wenn der jeweils andere glücklich ist? Können sie keine kreativen und schöpferischen Menschen sein, die sich darin auch unterstützen und fördern? Schließt das sogenannte „promiskuitive Verhalten" (=häufiger Wechsel des Sexualpartners) tatsächlich in sich selber Liebe aus? Auch hier geben weder das Liebesgebot Gottes noch der in der Natur sichtbare göttliche Schöpfungswille die Unterstellung her, in solchen Lebens- und Liebeskonstellationen könne keine Liebe, nichts Schöpferisches und somit auch nichts Heiliges sein! Natürlich gilt das immer nur unter der Voraussetzung der Freiwilligkeit, der Mündigkeit und der berechtigten Forderung, dass weder den Beteiligten noch irgendwelchen anderen irgendeine Art von Schaden zugefügt werden darf. Das aber gilt für das Verständnis der klassisch-traditionellen Ehe genauso. Auch eine klassisch verstandene Ehe kann zur Hölle werden, wenn Eifersucht, Besitzdenken oder Stolz die Liebe erwürgen.

Von daher müssen auch wir Christen unser eigenes Liebes- und Eheverständnis sehr viel weiter fassen, als wir es bisher getan haben. Sicher leuchtet in der klassischen und in unserer Kultur ausgeprägten Ehe das Heilige auf und wird dort geschützt. Es ist aber anmaßend zu behaupten, in anderen Formen von Liebe, Ehe und Partnerschaft könne es keine Heiligkeit geben. Wir schließen damit alle diejenigen aus, die in solchen Formen und Konstellationen Liebe und „Heiliges" spüren und leben.

Ganz sicher habe ich nicht die Wahrheit oder das Evangelium für mich gepachtet. Ich schreibe diesen Gedanken- und Diskussionsbeitrag aber auf, weil ich in der Seelsorge sehr viele Menschen erlebe, die Liebe und Heiligkeit spüren und leben, die sich aber von uns darin nicht verstanden, nicht wertgeschätzt und sogar ausgestoßen fühlen. Ich selber spüre sehr deutlich, dass das nicht richtig sein kann und dass dies so nicht dem Heiligen

Willen Gottes entsprechen kann.Wir haben einfach nicht das Recht, jemandem, der glücklich ist und Liebe lebt, zu sagen: „Du bist nicht glücklich und Du hast keine Liebe"!

Mit diesem deutlichen und gleichzeitig wohlwollend-offenen Blick auf ein paar unserer eigenen heiligen Setzungen komme ich zurück auf den Titel dieses Buches, den „Lockruf des Heiles". Ein anderes Wort für die Suche jedes Menschen nach Harmonie, Frieden, Geborgenheit und Glück ist die Hoffnung auf und die Sehnsucht nach Heil. Menschen suchen alle mehr oder weniger bewusst und reflektiert dieses Heil, selbst wenn sie sich dabei manchmal auf dunkle und zerstörerische Pfade verirren, selbst wenn sie lange vor der gefühlten inneren Wahrheit davonlaufen, dass die von ihnen gewählten Wege sie letztlich gar nicht glücklich und frei machen. In ihrem tiefsten Inneren wollen sie genauso Heil, wie wir das wollen – sie verstehen nur den Lockruf des Heiles falsch und sie gehen Wege, die sie nur vorgeblich zu ihrem Heil hinführen. Nicht der Weg ist das Ziel – ohne ein Woraufhin würden wir uns ja gar nicht auf den Weg machen, wozu auch? Das Ziel selber ist es, dessen Lockruf wir in uns spüren und uns auf den Weg dorthin machen. Das Ziel selber ist es, welches uns sagen kann, ob der persönlich dorthin eingeschlagene Weg auch zielführend sein kann oder eben nicht.

Doch wie sieht nun dieses Glück oder dieses Heil aus, zu dem deren Lockruf uns hinzieht? Welche Wege führen uns tatsächlich dorthin und welche Wege führen uns in die Irre? Sowohl im philosophisch-rationalen Bereich wie auch in der Welt des Irrational-Mystisch-Religiösen haben sich dafür verschiedene Zielbeschreibungen und Wegmodelle herausgebildet, die sich ständig weiterentwickeln. Ohne diese jetzt hier im Einzelnen zu diskutieren tragen sie aber alle den inneren Wesenskern in sich, dass sie uns auf so etwas wie „Heil" hinführen wollen. In jedem Menschen, in jeder Kultur und in jeder Religion findet das statt. Sie alle nehmen „heilige" Setzungen vor, in denen sie das ihnen Heilige ausdrücken und schützen wollen. Genau darin liegen ihre großen, alles und alle verbindenden Potentiale. Egal wo Menschen herkommen – sie alle wollen im Grunde ganz Ähnliches wie wir.

Wir können es diesbezüglich drehen und wenden, wie wir wollen: Es kommen Menschen zu uns aus anderen Ländern und Kulturen. Es werden noch mehr kommen. Wir sehen das ständig an unseren Grenzen oder den Grenzen Europas. Natürlich löst das auch Ängste aus. In uns gibt es eine tiefsitzende alte Angst vor einer „anders als wir"-Artigkeit dieser Menschen. Vielleicht ist das ein Erbe alter Kolonial-Überheblichkeit, alter Rassismus-Ideologien oder ein Überbleibsel alter Muster, die in unserer Kindheit wichtig waren. Der Angst als Ratgeber zu folgen kann aber nie ins Licht führen, weil ihre innere Dynamik in Abgrenzung, Dichtmachen und damit in Dunkelheit zeigt. Was uns hier weiterhilft ist, diesen Lockruf des Heiles als Basis für unser Zusammenleben und Zusammenkommen zu verstehen. Dieser zieht uns mit einem Licht an, statt uns in die Dunkelheit zu verführen. So unterschiedlich jeder Mensch diesen Lockruf auch wahrnimmt – im Kern ist dieser Lockruf bei jedem Menschen gleich als ein Lockruf des Lichtes, das uns anzieht, zu dem wir hin wollen.

Und hier können gerade die heiligen Setzungen, die jeder entwickelt und mitgebracht hat, eine enorme Chance sein. Das gilt für beide Seiten: für diejenigen, die zu uns kommen, und für uns, die wir hier mit ihnen zusammenleben werden müssen ob uns das nun gefällt oder nicht. Es hilft uns aber nur weiter, wenn wir das positiv von unserem gemeinsamen Urgrund her angehen. Im Inneren unserer heiligen Setzungen verbirgt sich das, was übergreifend heilig ist. In Form und Gestalt dieser heiligen Setzungen verbirgt sich aber auch oft das, was uns Angst macht oder was uns in unserer Geschichte Angst gemacht hat, weil Setzungen nicht selten aus Abgrenzung oder aus Angst vor Auflösung entstanden sind. Um hier im positiven Sinne weiterzukommen und vielleicht alte aus Angst entstandene Barrieren zu überwinden, kann uns das Beispiel und die Andersartigkeit anderer helfen. Sie halten uns einen Spiegel vor, denn in dem Augenblick, wo diese Andersartigkeit anderer in uns Angst oder Abwehr auslöst, zeigt diese Angst oder Abwehr direkt auf uns selber zurück. Das gilt auch andersherum.

Zu uns kommen zum Beispiel Menschen aus schwarzafrikanischen oder arabischen Stammeskulturen, in denen es dort gewachsene, sehr strenge Familien- und Geschlechterregeln gibt. Hier bei uns erleben sie auf einmal, dass Menschen mit verschiedener sexueller Präferenz, Menschen mit diverser geschlechtlicher Identität oder sogar dem Wechsel derselben nicht einfach als verabscheuungswürdig oder krank gelten. Das ist ein von ihnen als ungeheuerlich erlebter Dammbruch und kann Angst oder Abwehr auslösen. Manchen haben solche empfundene Dammbrüche auch in den Hass auf unsere Gesellschaft oder in den Terrorismus getrieben. Wenn wir aber ehrlich-wertschätzend auf sie zugehen statt sie aus Angst zu ghettoisieren oder zu kriminalisieren, dann können sie auch bei uns lernen, dass Ängste niemals ein guter Ratgeber sind und dass die Wertschätzung des jeweils anderen auch ihnen selber Freiheit, Frieden und Glück bringen kann. Natürlich gehört nicht nur auf unserer Seite, sondern auch auf deren Seite ein korrekturoffenes Wollen dazu, aufeinander zuzugehen. Beide Seiten können und müssen voneinander lernen.

Wir zum Beispiel können im Erleben und in der Begegnung mit ihnen erfahren, wie wichtig die Verbundenheit in der Familie ist. Respekt, Elternliebe und Achtung voreinander gehören unverzichtbar zu einer Familienkultur dazu. Ohne diesen Schutzraum brechen Familien auseinander, weil sie dann nur noch zu einer Ansammlung sich gegenseitig beneidender oder bekämpfender Individuen werden. Der Zerfall von Familien ist unaufhaltsam wenn sie sich nicht als einen solchen Schutzraum verstehen und ihn einhalten.

Je weniger konkret die Begegnung mit Menschen dieser „anders als wir"-Artigkeit ist, desto weniger begreifen wir in der Tiefe, dass sie ja eigentlich gar nicht anders als wir sind! Je weniger konkret die Begegnungen mit Menschen sind, die aus fernen Ländern und Kulturen zu uns kommen, desto stärker können Abwehr, Angst und Einigelung sein. Je konkreter dagegen die Begegnungen sind, desto beglückender können auch die Geschenke sein, die wir uns gegenseitig zu geben vermögen. Die Bräuche, Setzungen und Riten der jeweils anderen sind dann ein wichtiger Schlüssel und eine Chance, uns gegenseitig vom inneren Wesen des uns Heiligen her wahrzunehmen und wertzuschätzen. Wir können zum Beispiel durchaus geteilter Meinung sein über die Art und Weise des islamischen Fastens und Fastenbrechens. Wir können aber auch wertschätzen und uns selber davon inspirieren lassen, dass hier nach einer Zeit der teils sehr ernst gemeinten heiligen Willensanstrengung Menschen zusammenkommen, Gemeinschaft, Familie, Zusammenhalt spüren und einfach feiern. Das tun wir selber bei uns ganz genauso an anderen Festen wie Ostern oder vor der heiligen Willensanstrengung der Fastenzeit an Karneval. Jedoch ist bei uns häufig diese heilige Willensanstrengung verflacht und wird nicht selten als unnütz abgetan oder als ein Relikt alter Zeiten abgewertet. Auch wir können durchaus etwas von „den anderen" lernen!

Der Lockruf des Heiles kann in allen Menschen unterschiedliche Gestalt annehmen. Wir können uns entweder an dieser unterschiedlichen Gestalt reiben oder wir können in und hinter dieser Unterschiedlichkeit den gleichen Lockruf erblicken, den auch wir in unserer eigenen Seele spüren. Letzteres wäre Ausdruck eines sich gegenseitig wertschätzend-inspirierenden Miteinanders, das uns nicht nur hilft zusammenzukommen, sondern das uns darüber hinaus auch gemeinsam weiterführende Perspektiven eröffnet.

Es ist Aufgabe von Politik und Rechtsprechung, den gesellschaftlichen Rahmen für die Vision eines friedlichen und jeden in seiner Freiheit und Würde respektierenden Miteinanders konkret umzusetzen. Doch können Parlament und Gesetzgebung zum einen nur einen äußerlichen Rahmen beschreiben und festhalten. Zum anderen dürfen hier bei uns die eigenen Schwachstellen nicht mit weichgespülten Sonntagsreden und hehren Worten einlullend kaschiert werden. Auch das führt zu einem inneren Auszug oder zu Rebellion oder zum Kampf derer, die sich an den Rand geschoben oder unterdrückt fühlen, selbst wenn das „nur" ein subjektives Empfinden ist. Doch auch das beschreibt eine Realität, die es zu beachten gilt. Wenn Politik und Rechtsprechung sich nur an dem auf der Folie des Bisherigen gewerteten „real Machbaren" orientieren, dann werden sie sich auch immer in der Opportunität des Machbaren einigeln. So kommt kein wirklicher Fortschritt zustande. Eine Wiedervereinigung beider deutscher Staaten etwa hätte es nicht gegeben wenn Menschen nicht über das scheinbar „nur" Machbare hinaus gehofft und gehandelt hätten.

Darum braucht es Visionen, die über das Machbare des Hier und Jetzt hinausgehen. Um noch einmal auf Napoleon zurück zu kommen: „Wozu sind die Sterne da, wenn wir nicht nach ihnen greifen?" Es waren immer die Träumer und Visionäre, die uns wirklich weiter gebracht haben. Das gilt auch für die Religionen. Sie bringen den jedem Menschen innewohnenden Lockruf des Heiles in Gestalt, Wort und Bild. Wenn sie sich aber dabei in ihren „heiligen Kühen" einmauern, wie sie sich im Laufe ihrer Entwicklung und Geschichte entwickelt haben, dann verflacht ihre innere Dynamik zu Stillstand, dann folgen sie selber eben nicht mehr diesem Lockruf, sondern sie verfehlen ihre ureigenste Aufgabe. Sie führen dann nicht mehr Menschen in ihrem innersten Heiligen zueinander und lassen das Heilige als Stern für alle und in allen vorausleuchten. Sie bauen Mauern und Grenzen auf, die im Letzten Gewalt und Zerstörung mit sich bringen. Gerade die von uns Christen gepredigte christliche Nächstenliebe sieht aber generell den anderen immer als den Nächsten. Sie betrachtet ihn niemals als eine Sache, sondern als einen Menschen, der genauso geliebtes Kind Gottes ist wie wir selber, als einen Menschen, in dem das Licht Gottes genauso lebt und leuchtet wie in uns.

In dieser Sichtweise sind auch unsere eigenen heiligen Setzungen keine Entwicklungsbremsen. Sie sind Chancen, uns selber tiefer zu verstehen sowie auf Menschen aus anderen Kulturen und Religionen zuzugehen, weil das unseren heiligen Setzungen innewohnende Heilige auch in diesen Menschen, Kulturen und Religionen lebt. Wir müssen nur bereit sein, das zu erkennen sowie uns davon inspirieren und bewegen zu lassen.

VIII. Wie wir zusammen weiter kommen

Wir Menschen haben uns von einem gemeinsamen Ursprung her nach und nach auf dieser Erde ausgebreitet. In unterschiedlichen Regionen haben wir uns in unterschiedlichen körperlichen Merkmalen, in unterschiedlichen Sozial- und Wirtschaftsstrukturen sowie in unterschiedlichen Ausdrucksweisen und Formen unseres religiösen Spürens und Ahnens entwickelt. Durch Handel, kulturellen Austausch und gegenseitige Migration blieben wir jedoch zumeist in einem inneren oder äußeren Kontakt.

Die Aufgabe der jeweiligen politischen Systeme war es, die Verschiedenheiten von Menschen in einer gemeinsam gewollten äußeren Organisations- und Rechtsform zusammen zu führen. Dies wurde zumindest ab dem Zeitpunkt notwendig wo man nicht nur das bloße Faustrecht als Ordnungsprinzip wollte. Die Idee einer friedlichen Koexistenz von Verschiedenheiten hat sich jedoch alleine als nicht tragfähig erwiesen. Für sich alleine betrachtet ist sie lediglich eine Art Waffenstillstand. Sie ist eine Organisationsform, die sich durch Abgrenzung und „sich gegenseitig nichts tun" definiert. Innere Beargwöhnung des jeweils anderen oder „sich besser fühlen" als der andere bringen einen nur äußerlich verstandenen Waffenstillstand irgendwann zum Kippen. In der Geschichte der Menschheit haben wir das nur zu oft gesehen. Einer wirklich stabilen und friedlichen Koexistenz muss ein inneres Wertegerüst und eine innere Wertschätzung des jeweils anderen vorausgehen.

Da Menschen immer unterschiedlich sind und sein werden kann die Basis einer solchen inneren Wertschätzung des jeweils anderen nur in einem gemeinsam heiligen innersten Wesens- und Wollenskern bestehen, der übergreifend allen Menschen gleich ist. Nur so kann es für alle gleiche Rechte geben. Nur so wird eine gemeinsame Ordnung freiwillig von allen getragen und geschützt. In der Besinnung auf diesen gemeinsam „heiligen" Kern kann eine friedliche Koexistenz nicht nur dauerhaft stabil bleiben sondern diese Koexistenz hilft uns dann auch, gegenseitig voneinander zu profitieren.

Dies bleiben allerdings nur schöne Worte, wenn die innere Wertschätzung des jeweils anderen nicht auch konkrete äußere Gestalt annimmt. Die Welt ist voller guter Absichten und doch voller schlechter Taten. Manche gehen sogar soweit zu behaupten, der Weg zur Hölle sei mit guten Absichten gepflastert. Auch wenn man das so nicht teilen will steht dennoch unstrittig fest: Wenn es uns nicht gelingt, die konkrete Gesellschaft, in der wir leben, für alle ein wenig lebenswerter zu machen – was sollen wir dann hier auf der Erde? Gute Absichten müssen auch ein weltliches Gesicht und eine weltliche Umsetzung haben. Ansonsten sind diese guten Absichten nur utopische Illusion oder gar eine Selbstlüge.

Um nicht dieser Selbstlüge zu verfallen und in eine Fassadenwelt hinein zu rutschen, die irgendwann mit einem großen Bums in sich zusammenstürzt, müssen wir persönlich, in unserer Gesellschaft und in unseren religiösen Bekenntnissen lernen, erwachsen zu werden. Die „Natur" zwingt uns sogar dazu, denn die Alternative besteht im Untergang unserer Menschlichkeit, in einem nicht mehr hinterfragten Sklavenglück oder im direkten Untergang unserer Welt, weil unsere geliebten Scheingefechte uns alle irgendwann umbringen werden. Zu diesem Erwachsenwerden gehörte immer schon der Spiegel des jeweils anderen unverzichtbar mit dazu. Es gehörten dazu Migrationsströme und Vermischungen. Weitergebracht hat uns immer nur die Offenheit und Wertschätzung für den jeweils anderen. Ohne diese drückt immer eine Kultur der jeweils anderen Kultur oder allen anderen Kulturen mehr oder weniger gewaltsam die eigenen historisch gewachsenen Tabu's und Normen auf. Den jeweils anderen nur die abwehrende Hand entgegenzuhalten und zu fordern „Bleibt, wo Ihr seid!" oder „Geht zurück, woher

Ihr gekommen seid!" funktioniert nicht. Wir leben zusammen auf dieser Erde und unsere Erde wird enger. Es ist eine Illusion, zu glauben, wir könnten mit noch so viel finanziellen Mitteln, mit noch so viel Abgrenzungspolitik oder mit noch so viel brutaler militärischer Gewalt verhindern, dass Menschen zu uns kommen. Sie werden kommen – schlicht weil sie leben wollen und weil sie menschenwürdig leben wollen. Auch sind Veränderungsbestrebungen in den Herkunftsländern dieser zu uns kommenden Menschen von außen her nur begrenzt erfolgreich möglich oder sogar völlig aussichtslos. Mit militärischer Gewalt können wir das nicht erzwingen und wir würden das wohl auch selber nicht überleben.

Daher ist es schlicht eine Überlebensfrage der Menschheit, dass wir hier bei uns ein konkretes und einander wertschätzendes Miteinander finden. Hier haben wir Einfluss und hier können wir etwas bewegen. Um das in Angriff zu nehmen, müssen wir uns als Erstes selber an die eigene Nase fassen: Welche Abgrenzungen, Abwehrmechanismen, Tabu's oder Dogmen haben wir selber ganz konkret? Anders ausgedrückt: Was ist uns wirklich „heilig"? Welche „heiligen Kühe" haben wir daher als nicht hinterfragbar gesetzt? Stimmen diese Setzungen noch? Schützen sie, was wir wirklich schützen wollen, oder führen wir hier Scheingefechte? Welche tatsächlichen Vorurteile haben wir gegenüber Menschen anderer Hautfarbe oder anderer Herkunft? Warum sind Homosexuelle oder Menschen mit anderen sexuellen Präferenzen und Identitäten für uns „abstoßend" oder gefährlich? Steht dahinter vielleicht ein bewusstes oder ein nicht eingestandenes „Wir sind besser als die"-Gefühl? Äußert sich da eine nicht eingestandene Angst oder gar eine Verdrängung eigener unverarbeiteter Anteile?

Die ehrliche persönliche Klärung solcher Fragen ist der erste Schritt, wirklich weiter zu kommen. Der nächste Schritt ist dann, auf dieser Basis in einen offenen und gegenseitig wertschätzend-inspirierenden Dialog einzutreten. Das kann sich miteinander entwickeln und ist für niemanden eine Gefahr. Ein solcher sich letztlich nur in konkreter Begegnung entfaltender Dialog hat den Sinn, gemeinsam fühlend, fragend, ringend, suchend eben auch einen gemeinsamen inneren und äußeren Weg zu finden. Je mehr wir uns konkret daran beteiligen, desto mehr sind wir selber auch im Konsens und im Ergebnis abgebildet. Uns dem Dialog und der Begegnung zu verweigern schottet uns nur selber ab. Wir würden uns dann irgendwann nur noch bedeutungslos am Rande wiederfinden und könnten uns allenfalls hinter einer „Heilig-Rest-Mythologie" verschanzen.

Wichtig ist für einen solchen korrekturoffenen Dialog und für eine offene Begegnung, dass es niemals nur um einen Kompromiss auf dem kleinsten Nenner gehen kann. Das ist zu oberflächlich und berührt uns nicht in der Tiefe. Alle Beteiligten hätten dann das Gefühl, dass sie irgendetwas ihnen Wichtiges und Heiliges verlieren oder aufgeben würden. Das wird auf Dauer nicht halten und funktionieren. Das ist auch nicht gemeint. Ein solcher offener und sich gegenseitig wertschätzender Dialog versucht, zuerst zu verstehen und zu wertschätzen, worum es dem jeweils anderen in dessen tiefstem Kern eigentlich geht.

Das erste ist also Zuhören und Verstehen, anstatt sofort das eigene Kopfkino losrattern zu lassen oder sich an Reizworten abzuarbeiten. Erst wenn man den jeweils anderen wirklich verstanden und das ihm gegenüber auch zum Ausdruck gebracht hat, kann ohne Druck das Eigene geäußert und verstehbar gemacht werden. Die Offenheit, mein Eigenes zu verstehen, wird der jeweils andere doch erst dann entspannt aufbringen können, wenn der Druck der eigenen Seele sich entspannt hat, wenn er sich selber verstanden, wahrgenommen und wertgeschätzt fühlt. Dann hat er die Basis, auch mich offen zu verstehen und mich an ihn heran zu lassen. Sobald dies beidseitig geschieht, wird im Regelfall die Feststellung lauten, dass es keinen wirklichen und unüberbrückbaren Dissens gibt, weil der innere Wesens- und Wollenskern übergreifend aller Menschen letztlich gleich ist. Die religiöse, nationale oder geografische Herkunftssphäre spielt dafür keine Rolle. Letztlich ist es dafür auch egal, ob wir uns einem religiösen Bekenntnis zugehörig fühlen oder ob wir weltliche Denk- und Wahrnehmungsansätze bevorzugen. Im Kern ist das „Heilige" in jedem Menschen vorhanden und prägt sich in der Hoffnung auf Heil oder dem „Lockruf des Heiles" aus.

So kommt „das Heilige" oder „das uns Heilige" erst wirklich zu sich selber, wenn es sich in einen von allen Menschen gefühlten „Lockruf des Heiles" eingebunden weiß und sein Streben dorthin ausrichtet, wenn es sich nicht durch Abgrenzung definiert sondern sich in Dialog und Begegnung entfaltet. Das wirklich „Heilige" verbindet Menschen über alle ethnischen, religiösen und weltanschaulichen Grenzen hinweg. In dieser Verwobenheit wird es für alle klarer, plausibler und strahlender. Darum ist es nicht nur hilfreich, sondern für unser Überleben als Menschheit sogar notwendig, uns von einer solchen globalen Verwobenheit her zu definieren und diesem Selbstverständnis hier bei uns eine beidseitig korrekturoffene Gestalt zu geben.

Ohne eine solche Gestalt bleiben wir letztlich in unseren Kindertagen gefangen. Nur allzu oft sind „Erwachsene" in ihren Herzen trotzige oder verwundete Kinder geblieben und benehmen sich auch so. Der wirkliche Weg zum Erwachsenwerden und zur Freiheit von der Sklaverei unserer Gewordenheiten geht anders. Neben der eigenen Selbsterkenntnis funktioniert er wesentlich in der Weise, dass wir in unserer eigenen Selbstdefinition uns in einem globalen Miteinander verwoben, aufgehoben und inspiriert wissen. Nur so kann tatsächlich Erwachsenwerden und miteinander Auskommen gelingen. Das konkrete Miteinander von Menschen verschiedener Herkunft und Kultur kann uns gegenseitig dabei helfen.

In vielen afrikanischen Stammeskulturen steht zum Beispiel die Wertigkeit der persönlichen oder familiären Ehre um ein Vielfaches höher, als es hier bei uns der Fall ist. Vor allem bei

Schwarzafrikanern ist häufig zu beobachten, dass sie bei – aus unserer Sicht – „Kleinigkeiten" durch die Decke gehen, weil sie sich in ihrer Ehre angegriffen fühlen. Wir könnten von ihnen lernen, dass ein Ehrbewusstsein sehr wohl eine greifbare Verbindlichkeit auf andere hin darstellt sowie eine hilfreiche Aufrichtstütze des eigenen Selbstwertgefühls sein kann. Sie dagegen könnten bei uns lernen, dass Gelassenheit auch ein Wert ist und dass es hilfreich und sinnvoll sein kann, erst einmal den jeweils anderen wirklich zu verstehen bevor man etwa auf Reizwörter geradezu unbremsbar aufbraust. Ein weiteres Beispiel sind Menschen, die aus korrupt-kriminellen Gesellschafts- und Wirtschaftsstrukturen zu uns kommen. Dort muss sich jeder irgendwie durchwuseln und vieles funktioniert nur über Korruption und Schwarzarbeit. Wir könnten von ihnen lernen, nicht immer nur jammernd nach dem Staat zu rufen, sondern die Zügel selber in die Hand zu nehmen und aus den gegebenen Umständen halt irgendetwas Vernünftiges zu machen. Sie dagegen könnten bei uns lernen, dass zum Beispiel ein Mindestlohn vor Ausbeutung schützt, dass dies aber nur in einer staatlich funktionierenden Organisationsform mit dem kontrollierten Verbot von Schwarzarbeit möglich ist.

Das sind nur zwei von vielen möglichen Beispielen dafür, dass wir von verschiedenen Erfahrungen und kulturellen Hintergründen her voneinander profitieren und lernen können. Voraussetzung dafür bleibt aber ein inneres Wertschätzen des jeweils anderen sowie ein korrekturoffenes Aufeinander-zu-gehen-Wollen, das in der konkreten Begegnung sichtbar und fühlbar wird. Nur so kann die Angst vor und die Abwehr des jeweils anderen überwunden werden.

In der Psychologie gibt es den Begriff des „Xenophobie"-Syndroms. Mit Xenophobie ist die Angst vor allem Fremden gemeint. Als Vorsichtsmaßnahme der Natur macht sie auch durchaus Sinn. Zum Syndrom wird sie aber, wenn daraus eine generelle Beargwöhnung und Ablehnung oder ein fest zementierter Hass wird gegen alle, die anders sind. Doch wer sind denn „wir"? Wer sind denn „die anderen"? Wenn die Identität und der Selbstwert der einen lediglich auf der Abgrenzung und Abwertung der jeweils anderen beruhen, dann befinden wir uns psychologisch ausgedrückt noch oder wieder auf der Stufe eines Kindes, welches noch gar nicht entdeckt hat, was im Positiven das eigene Ich in der Tiefe erst ausmacht. Leider wird diese in unserem Kindesalter natürlich Entwicklungsstufe von ideologischen Bauernfängern und Verschwörungstheoretikern bewusst hochgekocht und benutzt. Es wird Hass damit produziert, um den eigenen Verstand auszuschalten und Menschen vor sich herzutreiben. Das geht am einfachsten, wenn man an alten kindlichen Mustern anknüpft. Menschen werden so in die Strukturen ihrer Kindheit zurück ideologisiert. Das geschieht geplant und bewusst! Besonders erfolgreich ist das bei Menschen, die auch im biologischen Erwachsenenalter ihre kindlichen Muster wie Existenzängste, wie Neid oder wie Selbstbehauptung durch Abgrenzung beziehungsweise Abwertung der jeweils anderen nicht überwunden haben. Leider ist das nicht selten der Fall, und so lassen sich viele Menschen bereitwillig in ein solches Xenophobie-Syndrom hinein verführen. Erwachsen geworden ist das aber nicht! Im Gegenteil: Kindliche Muster werden glorifiziert und mit einem Heiligenschein umgeben. Vielen fällt es dann sehr schwer, sich hiervon wieder zu distanzieren. Genau das ist gewollt! Es wird eine auf Unmündigkeit zielende Verknüpfung zu Mustern und Ängsten alter Zeiten erzeugt. Der Verstand wird damit beeinträchtigt oder gar ausgeschaltet. Das ist ein sehr bewährtes Propagandamittel, welches sich nicht erst die Nazis ausgedacht haben.

Erwachsenwerden heißt, sich erst einmal korrekturoffen zu fragen, was denn der eigentliche innerste Wollenskern des jeweils anderen ist, und dann häufig verwundert festzustellen, dass es mit dem eigenen innersten Wollenskern doch gar keinen unüberbrückbaren Dissens gibt! Das setzt aber voraus, dass wir uns dieses eigenen innersten Wollenskernes auch wirklich bewusst sind. Ansonsten werden wir immer Scheingefechte führen und uns dann darüber wundern oder uns darüber beklagen, dass diese Scheingefechte nie aufhören und dass das ganze Leben wie ein ermüdender Kampf erscheint, der ewig weitergeht. Uns ist aber nicht klar, dass wir diejenigen sind, die diesen Kampf produzieren als ein Spiegelbild des Unfriedens, den wir in unserer eigenen Seele tragen. Vielleicht brauchen wir diesen Kampf ja auch, weil wir nicht fähig sind, die Ursache für diesen angeblich äußeren Unfrieden in uns selber zu erblicken oder weil wir uns dagegen sträuben, erwachsen zu werden und Verantwortung für das eigene Leben zu übernehmen.

Ein nüchtern-realistischer Blick auf unsere konkrete Welt zeigt uns, dass sie bezüglich der bewohnbaren Gebiete kleiner wird, dass gleichzeitig die Zahl der Menschen auf dieser Erde bedeutend größer wird und dass darum unausweichlich Menschen auf dieser Erde näher zusammenrücken müssen und werden. Das können wir gar nicht verhindern. Es werden weiterhin und zunehmend Menschen aus unterschiedlichen Lebens-, Gesellschafts- und Religionskulturen zu uns kommen und Teil unserer Gesellschaft sein. Es ist dabei unerheblich, ob sie kurzfristig zu uns kommen und dann wieder zurückgehen, zum Beispiel wenn der Krieg in ihrem Heimatland wieder beendet ist, ob sie mittelfristig zu uns kommen um Geld zu verdienen und dann wieder zurück gehen, wenn ihre Arbeit beziehungsweise ihre Lebensarbeitszeit hier beendet ist oder ob sie langfristig hierbleiben und deutsche Staatsbürger werden wollen, weil sie bei uns dauerhaft Lebenshoffnung und wirtschaftliche Perspektive für ihr Leben erblicken. Aus wirtschaftlicher oder aus gesetzgeberischer Sicht mag das interessant sein. Für das Zusammenleben in unserer Gesellschaft ist es das aber nicht, denn Tatsache ist nun einmal, dass wir jetzt hier zusammenleben und dass wir jetzt hier konstruktive und menschliche Wege für unser Miteinander konkret finden müssen.

Doch muss das wirklich eine Bedrohung sein? Bereits 1985 schrieb der Münchener Theologe Wilhelm Korff: „Erst in der

Pluralität ... der einzelnen wie der Gruppen und Gesellschaften kommt der tatsächliche Reichtum menschlichen Seinkönnens zum Tragen. Nichts ist für den humanen Fortschritt gefährlicher als die Anmaßung, die Wahrheit über den Menschen nurmehr im eigenen nationalen oder auch religiösen Kultur- und Sittenpark finden zu können. Kulturelle Integration impliziert zwar immer auch Wahrung des eigenen Selbststandes, des eigenen kulturellen Gewichtes, zugleich aber auch Wahrung des Respektes und des korrekturoffenen Verstehens gegenüber dem anderen und das Lernen von ihm." (Korff, S. 204-205). Zwar hat Wilhelm Korff noch nicht die Migrationsdynamik unserer Tage im Blick gehabt, dennoch bringt er hier Wesentliches auf den Punkt. Integrationsbereitschaft zu verlangen ist berechtigt aber das darf keine Einbahnstraße sein! Lern- und Korrekturoffenheit muss es auf beiden Seiten geben. Ansonsten führt das unvermeidbar in Ghettoisierung, Parallelgesellschaften und Kämpfe gegeneinander – sei es auf dem Wohnungs- und Arbeitsmarkt, sei es in krimineller Legalitätsverweigerung (zum Beispiel in Banden oder Familien-Clans) oder sei es in Gewaltexzessen auf der Straße. Ohne ein inneres „aufeinander zu gehen wollen" wird eine sich verändernde Gesellschaft zerfallen. Auf beiden Seiten muss es dieses Wollen daher auch geben.

Bevor wir jedoch mit dem Finger auf „die bösen Anderen" zeigen, die zu uns kommen, müssen wir uns erst einmal an die eigene Nase fassen, ob wir so mit ihnen umgehen, wie wir für uns selber wünschten, dass man mit uns umgeht. Was ist denn eigentlich der uns heilige innerste Wollenskern, den wir schützen wollen? Sind „die Anderen" dafür wirklich eine Gefahr? Sind wir wirklich bereit, differenziert „die Anderen" als einzelne und wertvolle Geschöpfe Gottes zu wertschätzen oder stecken wir sie doch pauschal in einen Topf und behaupten, „die Anderen" seien faul, seien Sozialschmarotzer, sind dreckig, stehlen, vergewaltigen,... ? Tun wir (= „die Deutschen") das nicht alles auch? Wollen wir selber pauschal so bewertet werden?

Es gehört schlicht zur Wahrheitsrealisierung, dass diejenigen, welche sich gegen jede Korrekturoffenheit sperren, sich dabei der Tatsache verschließen, dass wir hier und jetzt zusammenleben, dass unsere Erde enger wird und mehr Menschen hat sowie dass es ein schönredender Irrsinn ist zu glauben, wir könnten das hier oder dort (= in den Herkunftsländern) aufhalten. Menschlicher Fortschritt geschieht nie eindimensional und das gilt im Kleinen wie im Grossen.

Generell sind die Fähigkeit und der Wille, einander entgegen zu kommen, ein wichtiges Kennzeichen von Zivilisation. Für die Mütter und Väter unseres Grundgesetzes war klar, dass dieses gemeinsame Wollen auch Ausdruck und Gestalt in einem übergreifend gemeinsamen inneren Wollenskern braucht. Nach der furchtbaren Erfahrung der ideologisch-verquarzten und gottlosen Nazi-Herrschaft sahen sie dies in den christlichen Kirchen abgebildet. Das war auch stimmig, denn über 90 % der damaligen (west-)deutschen Bevölkerung gehörte den christlichen Kirchen an. Doch seither hat sich unsere Gesellschaft verändert. Auch innerhalb und zwischen den Kirchen hat sich vieles verändert. Das, was bei der Abfassung des Grundgesetzes unstrittig von einem gemeinsamen christlichen Geist getragen als „sittlich" verstanden worden war, muss im Gesamt einer sich verändernden Gesellschaft auch gemeinsam aktualisiert und neu umgesetzt werden. Das meint nicht, das eigene Wesentliche in einer falsch verstandenen Liberalität einfach über Bord zu werfen. Das meint ebenso nicht, von jedem anderen die Aufgabe seines eigenen innersten Wesenskernes zu verlangen. Doch wenn es keinen gemeinsamen inneren Konsens gibt, dann werden sich Menschen auch nicht von alleine an ihnen aufgepfropfte Vorgaben halten. Wir müssten also permanent kriminalisieren und Gewalt anwenden um auf einem Status quo etwa vor 70 Jahren zu beharren. Das kann keiner ernsthaft wollen.

Es muss also einen solchen übergreifend gemeinsamen inneren Wollenskern geben. Dafür reicht ein parlamentarischer Gesetzgebungsprozess alleine nicht aus. Wieso soll den ein zu uns kommender Mensch hier ein Krimineller sein, weil er aus einer Kultur kommt, in der es andere und dort völlig normale Formen von Familie gibt? Haben wir wirklich das Recht, ihm zu sagen: „Du darfst hier so nicht glücklich sein!"? Auch die Menschenrechtscharta der Vereinten Nationen ist auf dem Hintergrund geschichtlicher Ereignisse im Wesentlichen von einer Kultur geprägt und umgesetzt worden, nämlich der westlichen Kultur. Ohne Frage ist die Verabschiedung der Menschenrechtscharta ein bedeutender Meilenstein in der Menschheitsgeschichte. Was aber das eigentliche „Humanum", ausmacht, also den eigentlichen zu schützenden Wesenskern des Menschen, das ist zwischen den Kulturen nie wirklich inhaltlich-konsensual ausgehandelt worden. Alleine die Bedeutung und Betonung des Individuums hat sich gesellschaftlich-religiös verwoben in fernöstlichen Kulturen ganz anders ausgeprägt, als dies in unserer westlichen Kultur der Fall ist. Wenn wir den Chinesen etwa vorhalten, sie würden sich nicht an die Menschenrechte halten, dann sagen diese nicht völlig zu Unrecht: „Wir halten uns schon daran – wir verstehen sie nur anders!" Im Ergebnis spricht jeder von „den Menschenrechten", aber viele verstehen etwas anderes darunter. So kommen wir nicht weiter.

Im Großen wie im Kleinen brauchen wir also einen inneren Konsens eines übergreifend gemeinsamen Wollens, eines gemeinsam als „heilig" verstandenen und darum auch von allen freiwillig geschützten menschlichen Wesenskernes. Im konkreten Kleinen unserer Gesellschaft spielt sich genau das Gleiche ab wie auf der großen Weltbühne. Die zunehmenden Migrationsströme sind also nicht nur Herausforderung, sondern sie sind auch Chance, wenn wir sie als solche wahrnehmen und nutzen. Solange wir Migration nur als Bedrohung sehen werden wir auf Dauer nicht überleben, denn wir können sie nicht aufhalten. Keine Mauer, kein Stacheldraht und keine noch so große militärische Gewalt wird das auf Dauer können. Wollten wir wirklich diesen Weg gehen werden uns irgendwann zornentbrannte Massen überrennen – und das mit Recht, weil sie schlicht ein Recht haben, zu leben und menschenwürdig zu leben. Die Chance, hier zusammenzuleben und einen guten Weg miteinander zu finden, können wir letztlich nur ergreifen, wenn wir uns des gemeinsamen innersten „Heiligen" bewusst werden, das uns ausmacht und das uns darin auch übergreifend miteinander verbindet.

Hier kommt die Rolle der Kirchen und Religionen sowie die Rolle derjenigen Menschen guten Willens ins Spiel, die sich ohne gläubiges Bekenntnis verstehen. Noch einmal sei aus den Heiligen Schriften zitiert: „Alle Flüsse fließen ins Meer" (Koh 1,7). So unterschiedlich Flüsse auch sein mögen: Ihr innerer Wesenskern ist Wasser, das sich bewegt. Wasser ist Leben, denn ohne Wasser kann nichts leben. Die Aufgabe der Religionen ist es, das schöpferische Heilige ins Wort zu bringen, ihm Gestalt zu geben und es so als Licht vorausleuchten zu lassen. Das können sie auch, weil dieses innerste Heilige in ausnahmslos jedem Menschen vorhanden ist, weil der innerste Strom des Lebens uns übergreifend alle zum großen Ozean hinträgt, von dem dann wieder Wasser und Leben über den Himmel ins Land getragen werden. In diesem Ozean des Lebens sind wir mit Gott oder dem Göttlichen vereint – zumindest drücken die Religionen das in diesem gängigen Bild aus.

Die Vorstellungen, Wege und Bilder dorthin dürfen und müssen vielleicht sogar verschieden sein. Die gebrauchten Worte und Bilder dafür können streng religiöser Natur sein oder von weltlichen Wahrnehmungen und Gedankengängen geprägt. Der Kern dieses „Heiligen" ist aber allen gemeinsam und wohnt als „Lockruf des Heiles" in jedem Herzen inne. Darum können auch gerade die Religionen einen wesentlichen Beitrag leisten, uns gemeinsam an diesem Heiligen auszurichten und uns gemeinsam dorthin zu bewegen. In unseren heiligen Setzungen verbergen sich die Wesenskerne des uns Heiligen. Wir müssen lernen, von dorther zu denken und zu werten statt Scheingefechte um Äußerlichkeiten und Formen zu führen, welche den eigentlichen göttlichen Wesenskern des uns Heiligen doch gar nicht betreffen. Formen sexueller Ausprägung und Identität, Strukturen von Familie und Partnerschaft, heilige Zeremonien und Verehrungen der Gegenwart des Heiligen sind letztlich immer nur Formen und niemals Zweck in sich selber. Dazu werden sie aber hochgebauscht, wenn wir unhinterfragbar an ihnen festhalten, was aber letztlich der Begrenztheit des menschlichen Verstehens und Fassen-Vermögens entspringt. Der Sinn und Zweck all dessen ist immer das Heilige als solches, das miteinander im Fluss ist und das wir in verschiedenen Formen und Wegen fühlen, feiern, ihm „dienen" und uns an ihm aufrichten.

Diesen Lockruf des Heiles in uns zu spüren sowie ihn in ausnahmslos allen Menschen als etwas „Heiliges" wahrzunehmen und wertzuschätzen ist der eigentliche Weg, der uns Menschen zusammen- und weiterbringt. Das Heilige als solches leuchtet nicht aus der Form sondern aus sich heraus. Jeder hat in seiner Seele eine Sehnsucht nach diesem Heil, welches das Heilige als Kern hat. Dies gemeinsam zu suchen ist nicht einfach Synkretismus, der aus allen Religionen und Bekenntnissen einen Einheitsbrei machen will. Gerade die Diversität von verschiedenen religiösen und weltlichen Zugangs- und Erklärungsmodellen ist doch erst die Voraussetzung dafür, dass nicht jeder in „seinen eigenen vier Wänden" bleibt, sondern darüber hinaus schaut. Gerade die Diversität ist in der Natur Voraussetzung für Entwicklung. Gerade die Diversität verschiedener religiöser Zugänge ist die Voraussetzung für ein gemeinsames Suchen, Ringen, Feiern und Hochhalten des Heiligen. Nur in der eigenen Binnensphäre verharrend sind wir eben unseren eigenen Beschönigungen und Verdrängungen ausgesetzt sowie der Zelebration und Glorifizierung unserer eigenen blinden Flecken. Darauf zu beharren, dass man nur selber den einzig wahren und einzig gültigen Gottes- und Weltzugang hat, ist darum naiv. Wenn wir tatsächlich so denken, dann müssten wir als Christen den wunderbaren Beginn des Johannesevangeliums „Am Anfang war das Wort ..."

ergänzen mit den Worten des polnischen Philosophen Stanislav Lec: „... und am Ende steht die Phrase!".

Doch dorthin können wir nicht ernsthaft wollen. Es muss die Aufgabe und das Selbstverständnis jedes auf Heil hin zielgerichteten Wollens und Handelns sein, uns von diesem Lockruf des Heiles auch bewegen zu lassen. Neben dem allen übergreifend plausiblen Bezug auf die Natur ist dieser Lockruf des Heiles ebenso übergreifend in allen Menschen da. Aus diesem Grunde ist der Lockruf des Heiles eine zweite Bezugsgrösse, die uns Menschen übergreifend zusammenführen kann, ohne dass wir uns in der eigenen Binnensphäre einigeln und von dorther Forderungen an andere stellen.

Hinter allen berechtigten philosophischen und theologischen Reflexionen hierzu ist jedoch der wirklich weiterführende Weg eigentlich ganz simpel und für jeden leistbar. Über diesen Lockruf reden und nachdenken ist im Sinne einer vertieften Selbst- und Gotteserkenntnis durchaus hilfreich. Das alleine erreicht uns aber nicht in der Tiefe. In unserer Tiefe erreicht uns das im Sinne der Verschränkung von Gottesliebe und Nächstenliebe erst dann, wenn sich dieses „dem Lockruf folgen" auch in ganz konkreten Begegnungen und in der menschlichen Nähe zu „den Anderen" entfaltet.

Viele tun das ja auch wenn sie Patenschaften für Migranten übernehmen, in Tafeln für Bedürftige mitarbeiten, „die Anderen" einbeziehen in Nachbarschafts- und Kleingartenfeste ... Das ist gar nicht so schwer. Es ist immer die konkrete Begegnung mit Menschen, mit „den Anderen", die uns nicht nur zusammenbringt, sondern die uns auch selber tiefer verstehen lässt. In dieser Begegnung, die sich nicht nur in der eigenen Kultursphäre einigelt, erleben wir ganz konkret, dass dieser Lockruf des Heiles uns übergreifend zum gleichen Licht hinzieht. Ein einfacher Besuch, eine Einladung an den Gartennachbarn mit dem fremd klingenden Namen, eine Einladung oder ein nettes

Plaudern im Supermarkt reichen schon völlig aus und es verändert sich in uns etwas. Wir müssen es eben nur auch tun! Und dann werden wir merken, wie uns das auch selber mit Licht erfüllt. Ein Lächeln war schon immer der kürzeste Weg zwischen zwei Menschen.

So wird Migration für uns selber zur Chance sobald sie aus dem Gegenüber-Fühlen von „wir" und „die Anderen" heraustritt. In der konkreten Begegnung fühlen, hören und begreifen wir viel tiefer, als es Nachdenken, Bücher oder Stammtischpolitik je vermögen. Der auch uns selber innewohnende Lockruf des Heiles ist es, der diese Menschen zu uns hat aufbrechen lassen. Sie halten uns damit einen Spiegel vor, denn nur zu oft haben wir verlernt, aufzubrechen, haben uns in unserer eigenen angeblich „heilen" Welt eingeigelt und betrachten jede Veränderung als Bedrohung. Wir könnten uns von diesen zu uns kommenden Menschen dazu inspirieren lassen, nicht nur mit dicken Balken vor den eigenen Augen unsere eigene kleine Welt als angeblich „heile Welt" zu glorifizieren (Lk 6, 41), sondern auch selber Aufbrüche und Veränderungen zu wagen, aus eigenen erstarrten Denk- und Fühlmustern aufzubrechen und uns alle als von Gott geliebte Menschen zu würdigen. Es geht natürlich immer um beides: Bewahrung und Aufbruch. Es geht aber auch um beides! Dafür ist „der Andere" unverzichtbar, weil nur in Diversität Entwicklung möglich ist. Ansonsten bleibt irgendwann zwangsläufig nur noch Inzucht, Degeneration und Blindheit.

Ganz einfach beschrieben ist der Weg zum Licht im Letzten der konkret miteinander gesuchte und gegangene Weg. Wenn wir schlicht für uns selber sowie ganz wesentlich auch in konkreter Begegnung miteinander Wege gehen, in denen wir spüren, dass sie andere wie auch uns selber „heller" machen, uns mit Licht erfüllen, uns friedlicher und glücklicher werden lassen, dann sind wir auf Wegen, die uns zu diesem Licht hinführen. Es geht einfach darum, ganz pragmatisch und konsequent dieser Spur des Lichtes zu folgen und zu begreifen, dass dies nur in einem konkreten „miteinander verwoben sein" gelingen kann. Dafür sind gerade „die Anderen" unverzichtbar und hilfreich. Ansonsten gibt es ja gar kein „verwoben sein" – mit wem denn? Wir müssen dem „anderen" nur ganz konkret begegnen, ihn sehen und ihn „fühlen". Das geht nicht in existentieller Distanz oder als theoretisches Konstrukt!

Unsere Welt verändert sich. Das hat sie immer getan. Und immer waren Veränderungen der Auslöser dafür, dass Menschen weiterzogen und in der Fremde jenes Heil suchten, nach dem wir alle uns in unserem Herzen sehnen. Es zieht uns alle zu diesem Heil hin, auch wenn wir uns unterschiedliche Vorstellungen davon machen. Im Kern ist aber dieser „Lockruf des Heiles", den wir alle in unserer Seele spüren, für jeden Menschen gleich – egal, woher er stammt, egal, welcher Religion er angehört, egal, welche Weltanschauung oder Welterklärung er oder sie bevorzugt.

Wir selber können diese Veränderungen nicht verhindern. Sich ängstlich am Bisherigen festzuklammern oder den Status quo als „heile Welt" zu glorifizieren verweigert sich dem Unausweichlichen. Das Ergebnis wäre lediglich ein Abstellgleis der Geschichte, auf dem wir uns verwundert wiederfinden würden.

Am Ende geht es darum, zum einen ausnahmslos jeden wertschätzend so leben zu lassen, wie er oder sie es in ihrem Innersten als stimmig fühlt. Zum anderen entfalten wir uns letztlich nur miteinander, was nicht in theoretisierender Distanz geschehen kann, sondern nur in der konkreten Begegnung. Voraussetzung für wirkliche Begegnung ist dabei ein wirklich offenes Zuhören, Aufnehmen und Fühlen. Nur so erreicht uns der Andere in der Tiefe. Nur so kann mein Gegenüber die entspannte Offenheit aufbringen, auch mich an sich heranzulassen. Nur so können wir uns gegenseitig inspirieren und uns korrekturoffen weiterentwickeln. Nur so können und werden wir als Menschheit auf diesem Planeten eine gemeinsame Zukunft haben.

Der Weg, der uns wirklich weiterbringt, ist also zuerst wirkliches Zuhören, dann konkretes und korrekturoffenes Einander-Begegnen und schließlich gemeinsam diesem „Lockruf des Heiles" zu folgen, wie er als Spur des Lichtes in der Seele jedes Menschen wohnt.

Es ist hilfreich, aber nicht zwingend, diesen nur miteinander zu schaffenden Weg in einer Religion beschrieben zu finden. Das kann und sollte jeder für sich frei entscheiden können. Für mich selber erblicke ich einen wesentlichen göttlichen Impuls für diesen Weg in der direkten Verwobenheit der Liebe zu Gott und der Liebe zu dem ganz konkreten Nächsten, den Gott mir auf den Weg schickt. Darum bin ich auch überzeugter Christ.

Bildmaterial

Die im Text abgebildeten Grafiken wurden von der Künstlerin Soheyla B. Fahimi für dieses Buch entworfen. Bei ihr liegt auch das Copyright. Ihre Werke können direkt bei ihr erworben werden unter:

Soheyla B. Fahimi
Email: atelier@soheyla-b-fahimi.de
Website: www.soheyla-bfahimi.de

- Grafik 1 – Titel: „In God We Trust- Drei Faltigkeit, III/2024"
- Grafik 2 – Titel: „In God We Trust I – Aesculap, 2024"
- Grafik 3 – Titel: „In God We Trust- Gentechnik
     auf dem Teller, IV/2024"
- Grafik 4 – Titel: „In God We Trust-Reichsapfel, II/2024"
- Grafik 5 – Titel: „Begegnungen, 2024 Teil 1"
- Grafik 6 – Titel: „Begegnungen, 2024 Teil 2"

Literaturliste

1) Assmann, Jan, *„Achsenzeit: Eine Archäologie der Moderne"*, C.H. Beck 2018

2) Benedikt XVI., Enzyklika: *„Deus Caritas Est"*, Rom 2005

3) Cavalli-Sforza, Luigi Luca, *„Gene, Völker und Sprachen: die biologischen Grundlagen unserer Zivilisation"*, München-Wien 1999

4) Cavalli-Sforza, Luca und Franceso, *„Verschieden und doch gleich – ein Genetiker entzieht dem Rassismus die Grundlage"*, München 1994

5) Darendorf, R., *„Gesellschaft und Freiheit"*, München 1965

6) Darwin, Charles, *„Die Abstammung des Menschen und die geschlechtliche Zuchtwahl"*, Stuttgart 1875

7) Dawkins, Richard, *„Das egoistische Gen"*, Reinbek bei Hamburg 1996

8) Dawkins, Richard, *„Der Gotteswahn"*, Ullstein Hardcover 2007

9) Dennet, Daniel C., *„Philosophie des menschlichen Bewusstseins"*, Hamburg 1994

10) Diamond, Jared, *„Arm und Reich: Das Schicksal menschlicher Gesellschaften"*, Frankfurt 2006

11) Ehrlich, Paul R., *„Human Natures: Genes, Cultures and the Human Prospekt"*, Washington 2000

12) Foucault, Michael, *„Wahnsinn und Gesellschaft. Eine Geschichte des Wahns im Zeitalter der Vernunft"*, Frankfurt am Main 1999

13) Fields, R. Douglas, *„Neurotransmitter mit Doppelleben"* in: *„Gehirn und Geist"*, Rubrik: Hirnforschung, Ausgabe 03/2021

14) Fromm, Erich, *„Die Furcht der Freiheit"*, München 2008

15) Fukuyama, Francis, *„Das Ende des Menschen"*, Stuttgart 2002

16) Fukuyama, Francis, *„Our Posthuman Future. Consequences of the Biotechnology Revolution"*, New York 2002

17) Grönemeyer, Prof. Dr. Dietrich, *„Weltmedizin – auf dem Weg zu einer ganzheitlichen Heilkunst"*, Frankfurt 2018

18) Hamer, Dean, *„Das Gottes-Gen: Warum uns der Glaube im Blut liegt"*, München 2016

19) Heine, Susanne, *„Grundlagen der Religionspsychologie"*, Ruprecht & Company 2005

20) Korff, Wilhelm, *„Wie kann der Mensch glücken? Perspektiven der Ethik"*, München 1985

21) Leidenberger, Freimut A., „Klinische Endrokrinologie für Frauenärzte", 4. Auflage, Springer 2009

22) Leutgöb, Andreas, *„Religionen – Göttinnen, Götter, Engel, Teufel und Dämonen"*, Norderstedt 2021

23) Oerter, Rolf, *„Der Mensch, das wundersame Wesen: Was Evolution, Kultur und Ontogenese aus uns machen"*, Wiesbaden 2014

24) Thomson, J. Anderson, *„Warum wir (an Gott) glauben: Eine kompakte Einführung in die Wissenschaft der Religionen"*, Wiesbaden 2013

25) Schulberg, Lucile, *„Das frühe Indien"*, Time-Life-Books 1969

26) Silver, Lee M., *„Das geklonte Paradies"*, München 1998

27) Vaas, Rüdiger, *„Gott, Gene und Gehirn: Warum Glaube jetzt nützt – die Evolution der Religiosität"*, Stuttgart 2009

28) Wilson, James, *„Das moralische Empfinden, Warum die Natur des Menschen besser ist als ihr Ruf"*, Hamburg 1994

29) Wolf, Claudia, *„Wie im Himmel so auf Erden. Werden. Christliche Psychotherapie"*, Frontenhausen 1998

30) Wrangham, Richard, „Bruder Affe. Menschenaffen und die Ursprünge menschlicher Gewalt", München 2001

31) Wuketis, Franz, *„Gene, Kultur und Moral: Soziobiologie – Pro und Contra"*, Darmstadt 1990

32) Wunn, Ina, *„Götter-Gene-Genesis: Die Biologie der Religionsentstehung"*, Berlin 2014

33) Wunn, Ina, *„Die Religionen in vorgeschichtlicher Zeit"*, Stuttgart 2005

HERZ FÜR AUTOREN A HEART FOR AUTHORS À L'ÉCOUTE DES AUTEURS MIA KAPΔIA ΓIA ΣYΓΓPAΦ
ARTA FÖR FÖRFATTARE UN CORAZÓN POR LOS AUTORES YAZARLARIMIZA GÖNÜL VERELIM SZÍVÜN
RE PER AUTORI ET HJERTE FOR FORFATTERE EEN HART VOOR SCHRIJVERS TEMOS OS AUTORE
ERZÓINKÉRT SERCE DLA AUTORÓW EIN HERZ FÜR AUTOREN A HEART FOR AUTHORS À L'ÉCOUTE I
ΔAÇÃO BCEЙ ДУШОЙ K ABTOPAM ETT HJÄRTA FÖR FÖRFATTARE Á LA ESCUCHA DE LOS AUTORES
ΤEURS MIA KAPΔIA ΓIA ΣYΓΓPAΦEIΣ UN CUORE PER AUTORI ET HJERTE FOR FORFATTERE EEN HAF
ARLARIMI GÖ ER ZERZÓINKÉRT SERCE DLA AUTORÓW EIN HERZ FÜR AU
SCHRI DS O A ORACÃO BCEЙ ДУШОЙ K ABTOPAM ETT HJÄRTA FÖR F(

Der Autor

Georg Kaufmann wurde 1963 in Köln geboren und
wuchs dort in einer Großfamilie auf. Nach dem
Abitur und einem Studium widmete er sich der
Seelsorge und war in verschiedenen Umgebungen
tätig: In der Schule, beim Militär oder in Gemein-
den. Abgesehen davon hat er noch etliche andere
Ausbildungen abgeschlossen, so etwa zum Media-
tor, zum Personal Coach oder als Spiritueller Heiler.
Kaufmann sammelte im Rahmen seiner Tätigkeit
viel Erfahrung in der Flüchtlingsarbeit und hat sich
so eine beachtliche interkulturelle Kompetenz an-
geeignet.
Seine Freizeit verbringt er gerne mit Büchern, in
den Bergen, am Herd oder am Klavier.